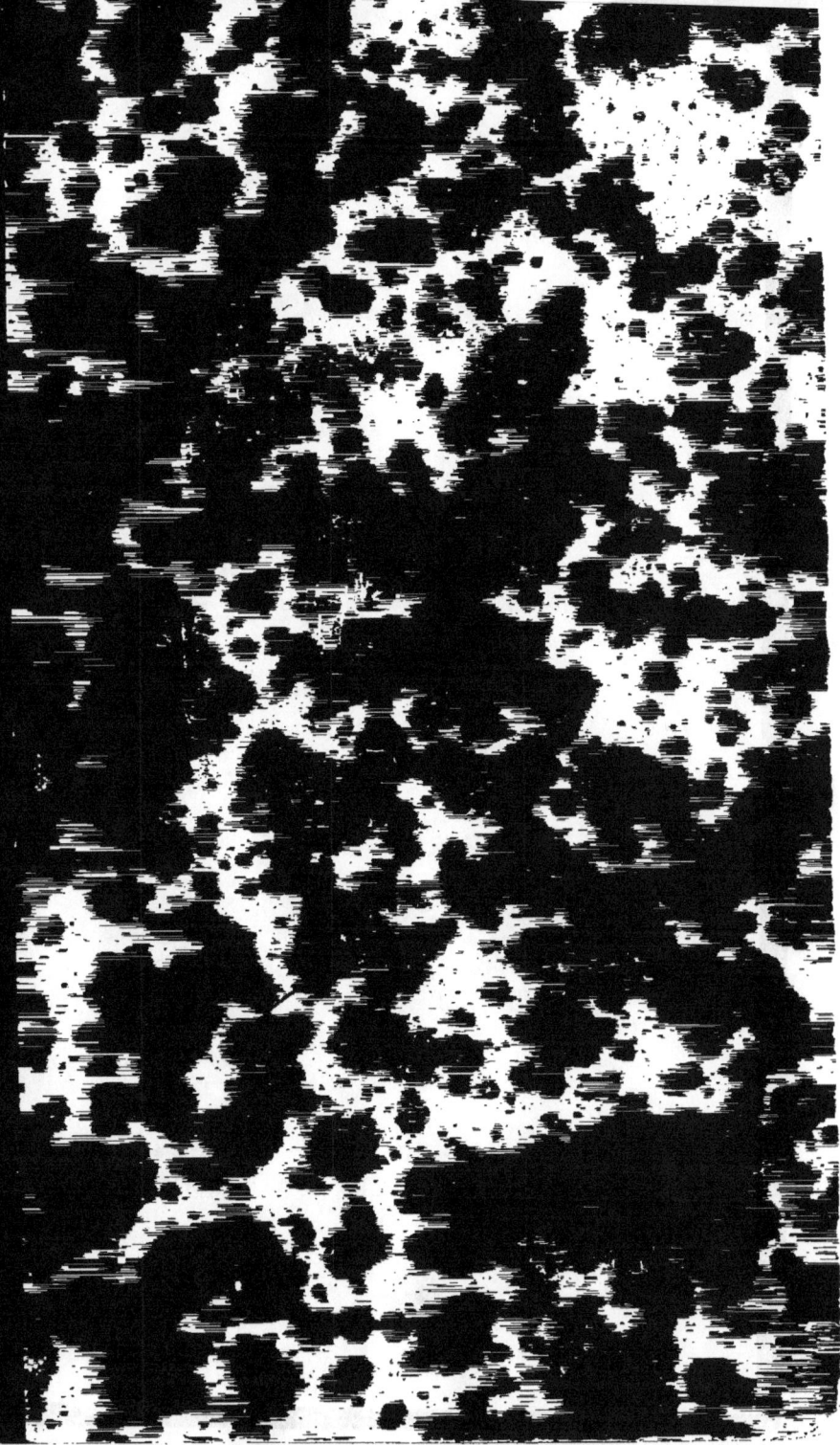

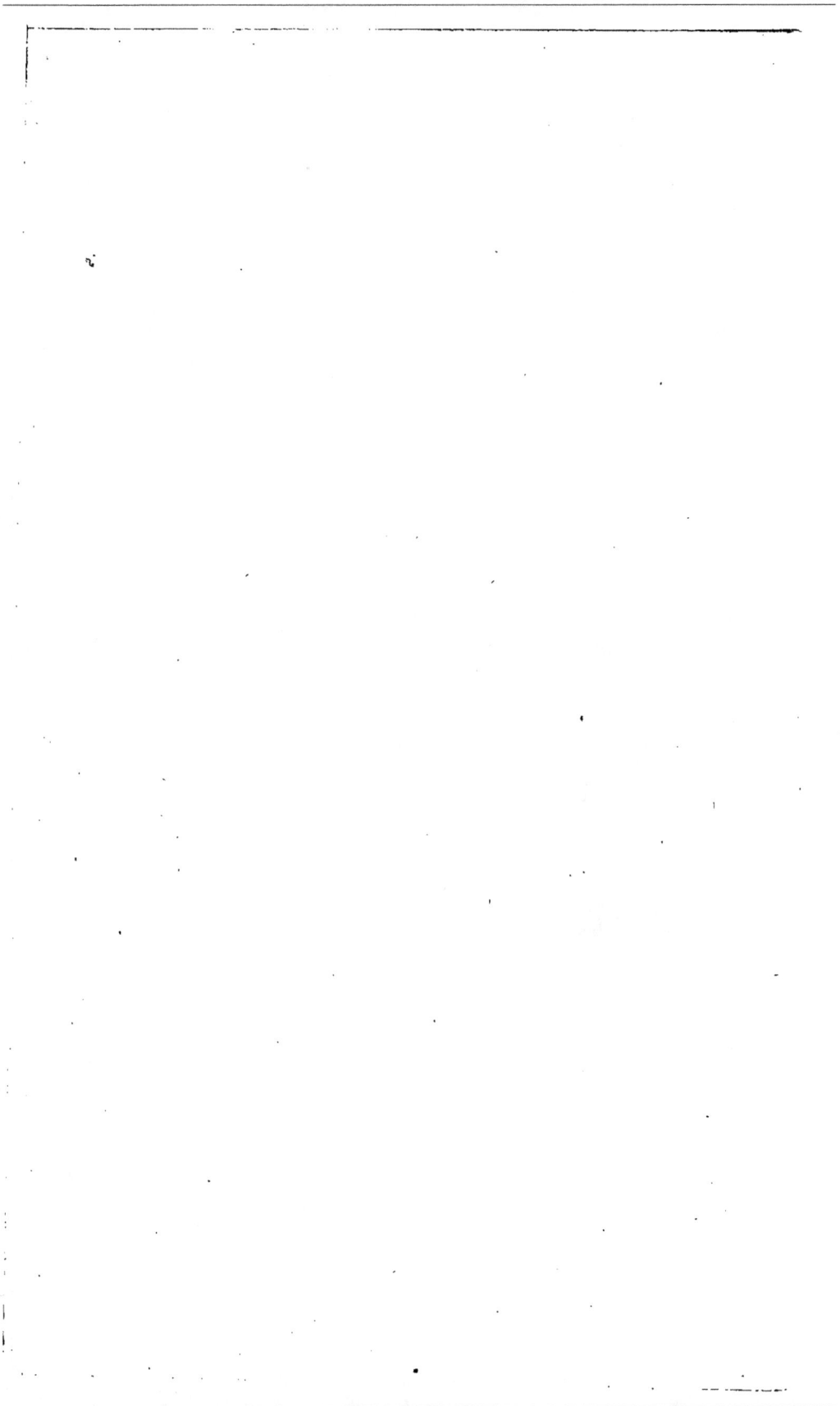

Lk⁷/769

VOYAGE

dans la Vallée

DE

BARCELONETTE.

VOYAGE

dans la Vallée

DE BARCELONETTE,

Département des Basses-Alpes ;

par

C.phe DE VILLENEUVE - BARGEMONT ,

Préfet du Département de Lot - et - Garonne ,

MEMBRE DE LA SOCIÉTÉ D'AGRICULTURE, SCIENCES ET ARTS D'AGEN.

AGEN ;

R. Noubel, Imprimeur-Libraire.

1815.

A Son Altesse Royale

Monseigneur

LE DUC D'ANGOULÉME,

Petit-Fils de France, Grand Amiral.

Monseigneur,

*La permission que V. A. R.
a bien voulu m'accorder, de lui*

offrir ce foible tribut de mon dévouc=
ment, est un témoignage vivement
senti des bontés dont Elle daigne
m'honorer.

Je ne me suis point dissimulé,
toutefois, la témérité des vœux que
j'ai osé former à ce sujet: pouvois=
je, en effet, me flatter d'obtenir
de V. A. R. quelque attention
pour un ouvrage écrit au milieu des
travaux et des sollicitudes qu'exige
l'administration à laquelle je suis
voué, lorsque, d'ailleurs, mes recher=
ches ont eu pour objet une contrée
dont le nom est à peine connu.

J'ai osé me rassurer en me rap=
pelant l'indulgente bonté qui caractérise V. A. R., et le goût pour
les sciences et les lettres qu'Elle par=
tage avec son Oncle, notre bon
Roi. Je me suis dit que c'étoit aussi
servir le monarque, selon son cœur,
que de lui faire connoître & de
recommander à sa sollicitude pater=
nelle une portion de son royaume,
que mille circonstances concourent
à rendre intéressante.

Je serai bien recompensé de
mon travail, si V. A. R. le juge
avec cette bienveillante prévention.

si, surtout, Elle daigne l'agréer comme l'hommage le plus vrai du profond respect, avec lequel je suis,

Monseigneur,

de Votre Altesse Royale,

le très-humble & très-obéïssant serviteur,

C.^{pte} de Villeneuve,

Agen, le 12 Mars 1815.

Voyage

dans la vallée

de Barcelonette.

LETTRE PREMIÈRE.

Toutes les fois que je vous ai entretenu de mon voyage dans la vallée de Barcelonette, vous avez paru prendre quelqu'intérêt à mes récits; et souvent vous m'avez répété que, quoique située en France, elle étoit beaucoup moins connue que plusieurs autres contrées éloignées et non moins digne, peut-être, d'être étudiée : vous avez même ajouté qu'une description exacte et détaillée qui embrasseroit tout ce qui peut faire connoître ce petit pays, sous le rapport de sa topographie, de son histoire naturelle et politique, des mœurs et de l'industrie de ses habitans, de son agriculture et

1

(2)

de ses productions, pourroit être à la fois utile, instructive et intéressante.

Ces observations m'ont déterminé à rédiger toutes les notes que j'avois recueillies sur les lieux, et j'aurai l'honneur de vous les transmettre dans des lettres qui traiteront successivement les sujets qui me paroîtront dignes de votre attention.

Vous désirez sans doute connoître, avant tout, mes premières sensations en entrant dans un pays que j'étois si impatient de parcourir ; ce sera là le sujet de ma première épître.

Je voyageois en véritable amateur ; c'est-à-dire, à pied, accompagné d'un de mes frères, aussi désireux de s'instruire que moi, et suivi d'un chien qui, tout en nous amusant par la chasse qu'il faisoit aux animaux de ces montagnes, pouvoit aussi nous défendre contre ceux de ces animaux qui auroient été tentés de nous attaquer : un mulet, dont le pas lent mais sûr, pouvoit traverser hardiment les plus mauvais chemins, portoit nos effets, nos livres, nos instrumens, et nous servoit alternativement de monture, quand nous nous trouvions fatigués par nos excursions ou par une trop longue journée.

C'est dans ce modeste équipage que nous quittions la petite ville de *Seyne*, où nous avions passé la nuit (1) : après quelqnes heures de marche , nons arrivâmes au hameau de Saint–Jean ; et c'est à sa sortie, sur une hau-teur , qu'un coup-d'œil tout-à-fait nouveau nous dévoila le pays que nons allions visiter.

A droite, une magnifique forèt de mélèzes , parmi lesquels une nuance différente faisoit distinguer quelques sapins ; en face , le *Mont-Mourgon* ou la longue chaine des *Orres*, qu'on suit des yeux jusqu'au point où elle semble se confondre avec la montagne opposée; son som-met offre une plate-forme de rochers escarpés , dont les masses groupées de la manière la plus pittoresque, semblent dessinées par des touffes de buis : mais cette plate-forme, quoique très-élevée, ne l'est pas assez relativement au point où l'on est, pour ne pas laisser apercevoir en amphithéâtre les montagnes des Hautes–Alpes, et dans l'intervalle , l'aride vallée de *Chorges*.

Si la vue se baisse , elle se porte sur un plan incliné que sillonnent les torrens formés depuis la destruction des forêts ; la rivière d'*Ubaye* coule dans la partie inférieure, entre des rochers qui resserrent son lit , et on peut apercevoir tout son cours jusqu'au point où elle confond ses eaux avec celles de la *Durance*. Le petit

(1) Au mois d'octobre 1802.

village d'*Ubaye* se trouve sur la rive droite, et
réunit une population de 226 habitans : tout
porte à croire que ce fut le premier lieu habité
dans la vallée, et que même les *Ésubiens* y
avoient placé leur capitale ; mais, si jamais ces
peuples ont été florissans, leurs successeurs
sont bien déchus. Il est difficile de concevoir
un aspect plus misérable que celui de ce village
et de son aride territoire ; les maisons se trouvent sans cesse menacées d'être détruites par
d'énormes rochers, et les terres sont exposées
à être continuellement dévastées et même em-
portées par les torrens et la rivière.

La route de *Barcelonette à Gap* et *Embrun*
traverse le village d'*Ubaye*, et on y passe la
rivière sur un pont de bois ; *Pontis*, petite
commune située au milieu des montagnes, est
encore une des stations de cette route ; mais ce
seroit en vain qu'on y chercheroit des objets
propres à intéresser la curiosité.

Sur la rive gauche de la rivière, on distingue
sur une hauteur couronnée de rochers, quelques maisons rangées autour d'un vieux château, et entourées elles-mêmes de murs crénelés
d'où sortent quelques vieilles pièces de canon :
c'est le fort *Saint-Vincent*, qui, avant le traité
d'*Utrecht*, se trouvoit sur les limites de la
France et du *Piémont* ; depuis cette époque, il

tombe en ruines. Mais ces débris, qui rappèlent l'image de la guerre dans des lieux où l'on sembleroit n'avoir à se défendre que contre les élémens et les bêtes féroces, dans ces déserts sauvages où la pauvreté devroit mettre l'homme à l'abri de la fureur de ses semblables ; ces débris, dis-je, offrent un point asses pittoresque au milieu de tous les sites qui les environnent. Au reste, ce fort n'a jamais existé que pour la forme ; car, dominé de toutes parts, il ne pouvoit guère défendre la vallée.

C'est aux environs de *Saint-Vincent* qu'on tua, en 1776, un ours brun, d'une taille et d'une grosseur extraordinaire. On a cité ce fait comme un phénomène ; mais s'il est vrai (ce dont plusieurs personnes doutent), il est à croire que cet animal, chassé des montagnes des Hautes-Alpes où l'on en rencontre beaucoup (1), avoit passé la *Durance* pour chercher un asile dans quelques forêts qui avoisinent les rives de l'*Ubaye*.

A une demi-lieue sur la gauche, vers la jonction de ces deux rivières, est le village de *la Bréoule*, l'un des plus considérables et des plus peuplés de la vallée, à l'entrée de laquelle

---

(1) On en trouve fréquemment dans la forêt de Durbon, où était jadis une célèbre chartreuse.

il est placé. Son territoire est vaste, mais entre-
coupé de collines et de torrens ; aussi les habitans sentent-ils la nécessité d'être laborieux et
actifs pour tirer de la terre, du blé, de l'avoine,
des légumes et un peu de vin, seules ressources
qui leur ont été accordées par la nature: encore,
malgré cet amour du travail, y voit-on beaucoup de pauvres.

On trouve dans une vigne qui est auprès du
village, des vestiges d'une habitation qu'on
prétend avoir été un hospice de Templiers : ils
y avoient été remplacés par des religieuses. On
croit aussi que les Bénédictins y avoient eu une
maison dans le hameau de *Champcelas*, et
qu'elle étoit une succursale du monastère de
Ganogobie, près Forcalquier. Ce qu'il y a
d'assuré, c'est que ces moines ont perçu, jusqu'à leur suppression, la cinquième portion de
la dîme de *Labréoule*. Sur une éminence plus
rapprochée de la *Durance*, on distingue un
vieux chateau, qui dut jadis être un poste assez
important ; l'histoire et la tradition y ont conservé la mémoire d'un soldat nommé *Labréoule*,
qui le défendit avec courage contre le duc
d'Epernon.

Le chemin qui conduit en Dauphiné est
tracé dans une longueur de deux cents mètres,
à travers des rochers : ce lieu offroit un pas-

sage très-dangereux jusqu'en 1755, époque à laquelle l'administration y fit construire un parapet. Il mérite quelques regards sous le double rapport de la singularité du site et de la hardiesse des travaux.

LETTRE II.

En partant de *Seyne*, nous avions rencontré un habitant de *Barceloncllc*, homme très-instruit et connoissant parfaitement le pays. Ce fut lui qui nous donna une foule d'éclaircis-semens sur les objets que nous apercevions; et sa conversation nous devint à la fois utile et agréable.

Nous continuâmes notre route par un sentier tracé horizontalement à travers la belle forêt de mélèzes qui tapissent cette montagne. Ce chemin a le grand avantage d'être beaucoup moins long; mais, en outre, il traverse, pen-dant près d'une lieue, les sites les plus remar-quables. On marche dans toute son étendue sur une pelouse verte, touffue, et arrosée, de distance en distance, par des sources limpides qui naissent sous les pieds : on est abrité pres-que constamment par de superbes arbres rési-neux ; et ils sont plantés assez loin l'un de l'autre, pour ne gêner en rien le coup-d'œil de la vallée sur laquelle on plane.

En voyageant sous des mélèzes, il étoit difficile que notre attention ne fût pas fortement attirée par cette espèce d'arbres si remarquables.

« Le mélèze, nous dit notre compagnon, est » environ quarante ans à croître; mais il s'élève » de vingt à trente mètres, et en a communé- » ment deux de tour : il est extrêmement droit, » et ce n'est guères que vers le sommet, que » les branches commencent à naître ; chaque » bouquet de feuilles tient à un petit bouton, » et chacune d'elles est ronde et pointue comme » une aiguille ; leur couleur est un peu moins » foncée que celle du sapin, et elles tombent » chaque année aux approches de l'hiver. La » pomme que produit le mélèze n'est guères » plus grosse qu'une noix : on a beaucoup » parlé de la manne qui découle de cet arbre ; » il est bien prouvé qu'elle n'est autre chose » que le résultat de la condensation des émana- » tions qui se réunissent sur son écorce pen- » dant la nuit.

« Son bois, qui renferme peu d'aubier, est » dur, très-résineux et de couleur rougeâtre : » il est excellent pour toutes les espèces de cons- » tructions ; et sur les lieux, on l'emploie, de » préférence, pour la charpente des maisons; » réduit en planches, il sert pour tous les » ouvrages de menuiserie; on en fait même de » petites plaques dont on couvre les maisons en

» guise d'ardoise ; la plupart des canaux pour
» les goutières , des tuyaux pour les eaux des
» fontaines , se font de tronçons de mélèze
» grossièrement perforés : plusieurs personnes
» prennent son écorce en décoction pour les
» maladies rhumatismales ; et , en effet, cette
» substance est un sudorifique qui produit sou-
» vent d'excellens résultats. Cet arbre croît
» ordinairement avec le sapin ; mais celui-ci
» se distingue aisément par une verdure plus
» foncée et des feuilles plus larges , que l'hiver
» ne fait pas disparoître ».

Tout en marchant , nous recueillions ainsi
des notions intéressantes sur le mélèze , dont
l'utilité est si variée , qu'on peut le considérer
comme l'un des bienfaits les plus réels que la
providence ait accordé à cette contrée. Mais
bientôt le terrein si agréable que nous parcou-
rions , alloit changer de nature ; et , comme
tout est contraste dans les voyages, il falloit
que les difficultés de l'une des plus longues
et des plus rudes descentes que j'aie jamais
parcourues , nous fissent encore mieux appré-
cier tous les agrémens de la première partie
de la route. Dans deux hameaux que nous
traversâmes , on nous proposa d'acheter des
grives connues , dans le pays , sous le nom de
tourdres : il paroît que cette chasse, dont les

habitans s'occupent avec activité, leur produit
d'assez grands bénéfices.

Enfin, nous vînmes aboutir sur les rives de
l'*Ubaye*. C'est là qu'étant au pied des montagnes, on commence à juger de leur véritable
hauteur, et à marcher entre des masses énormes de roches, au travers desquelles jaillissent
des sources dont les cascades multipliées se
confondent dans la rivière, qui n'est elle-même
qu'une cascade continuelle. Au lieu dit *le Tour-
niquet*, la route traverse un de ces torrens
dont les eaux, assez généralement abondantes,
arrosent une foule d'arbustes de toute espèce,
qui se sont fait jour à travers les fentes des
rochers; on passe sur un pont de bois construit
avec des arbres non équarris, et absolument
semblables à ceux de nos jardins chinois.

Peu de sites sont de nature à faire éprouver
une aussi vive impression que celui-ci, d'autant
que le hasard nous y fit jouir d'une scène
animée et intéressante. Une famille *Barcelo-
naise* descendoit dans la *Basse-Provence* pour
y passer l'hiver; et s'étant arrêtée dans ce lieu,
y faisoit un repas champêtre. Nos regards
furent d'abord attirés par la vue d'une femme
d'environ trente ans, portant dans ses bras un
nourrisson d'une propreté extrème; vêtue de
couleur brune, ayant le fichu de soie rouge

noué sous le menton , elle nous rappeloit les
danseuses du charmant ballet de la Danso-
manie, si ce n'est que sa fraîcheur et son air
de contentement n'étoient point factices : à
côté d'elle étoit un petit garçon aux joues rubi-
condes , absorbé dans une large veste d'étoffe
rougeâtre , et dans des guêtres montées jusqu'à
mi-cuisse , qui portoit sur son dos la caisse où
gissoit la marmotte en vie ; une petite fille
d'environ dix ans , ressemblant parfaitement à
sa mère , étoit munie d'une vielle ; et le père,
homme fort et vigoureux , portoit le bagage de
la petite famille : assis sur le bord de l'eau, ils
mangeoient, avec l'appétit que semble donner
l'air pur et vif qu'on respire dans ce pays , du
pain noir , mais très - bon , du fromage des
montagnes ; et de temps en temps on voyoit
circuler des uns aux autres une *gourde* de fer
blanc , contenant du vin qu'on ne manquoit
pas de renouveler à tous les cabarets. Interrogez
ces bonnes gens , me dit notre compagnon , et
vous apprendrez quelques détails sur le genre
de vie qui leur est particulier.

Je n'y manquai pas : et le chef de la famille
m'apprit qu'ils étoient du *Châtelard*, village
au-dessus de *Barcelonette*; qu'après avoir en-
semencé le peu de terres qu'il possédoit , il
alloit se fixer dans le département du Var pen-

dant les sept mois d'hiver, et qu'il comptoit y
trouver de quoi vivre en travaillant à cueillir
des olives. Les enfans montroient la marmotte
pendant les longues soirées, et même dans les
jours où l'ouvrage manquoit : au moyen de
cette industrie, ils parvenoient à faire quelques
économies qu'ils rapportoient au printemps dans
leur pays, pour payer leurs contributions et
accroître leur petit capital. Sur les complimens
que nous lui fîmes sur la bonne mine de ses
enfans, il nous dit que l'aîné étoit le plus intéressant, le plus habile de tous, et qu'il avoit
même de l'instruction ; mais qu'il l'avoit loué
pour l'hiver à un de ses compatriotes qui faisoit
un petit commerce. Nous témoignâmes le désir
de juger par nous-mêmes des talens des enfans;
et aussitôt la marmotte fut mise en danse au
son de la vielle qui accompagnoit en même temps
la chanson d'usage ; on nous régala, en outre,
d'une espèce de *périgourdine* qu'exécutèrent
le frère et la sœur, au cliquetis des *castagnettes*.
Le spectacle fut généreusement payé; et après
nous être réciproquement souhaité un bon
voyage, nous nous séparâmes très – satisfaits
les uns des autres.

· Peu après nous arrivâmes au *Lauzet* : c'est
un grand village assez bien bâti, et au milieu
duquel se trouve une vaste place carrée ; son

nom vient du patois *Laouze* (ardoise), parce qu'on trouve dans les environs une carrière de cette sorte de pierres (1).

Les habitans de ce lieu passent pour être paresseux, et préférer aux travaux de la terre, la chasse aux grives, aux merles, aux perdrix ; en effet, ils approvisionnent de gibier le reste de la vallée : ils passent l'hiver dans leurs maisons ; et comme le bois de pin qu'ils brûlent, exhale une odeur résineuse qui pénètre leurs vêtemens, on désigne communément les habitans du *Lauzet* par le surnom d'*enfumés*.

Auprès du village, sur une hauteur qui commande le pays, on aperçoit des vestiges d'un vieux château fort, qui subsista jusqu'en 1680.

Au pied de la montagne, il existe un étang dont la largeur est de cent mètres et la longueur à-peu-près du double ; ses eaux sont très-abondantes et peuplées de superbes carpes. Sa surface étoit jadis quatre à cinq fois plus étendue ; mais un particulier conçut, il y a environ cent ans, le projet de mettre ce petit lac à sec, pourvu qu'on lui abandonnât, en

(1) Le mot *Laouze* doit venir de l'espagnol *Lauza*, qui signifie grande pierre plate : on appelle en Espagne *Lauzas*, les dales dont on forme les trottoirs, les devant de portes, de cheminées, etc. ; plusieurs sont en ardoise.

propriété, le terrain délaissé par les eaux. Il falloit pour cela percer le tertre qui se trouve entre l'étang et la rivière : seul, et livré à ses propres ressources, cet homme y travailla penpendant sept ans consécutifs , et parvint à creuser un canal de 120 mètres à travers des rochers très-durs; mais dépourvu de connoissances mathématiques, il n'avoit pu faire les calculs exacts qu'auroit exigé une semblable entreprise : il se croyoit encore loin des eaux, lorsqu'un coup de marteau les fit jaillir avec impétuosité, et elles engloutirent à jamais le malheureux ouvrier dont la constance et l'activité méritoient un meilleur sort. L'étang fut réduit à l'étendue qu'il occupe aujourd'hui ; et ses bords ont donné d'excellentes terres que cultivent avantageusement les habitans du Lauzet : *Sic vos non vobis.*

LETTRE III.

La vallée se rétrécit considérablement en partant du *Lauzet ;* et sa partie inférieure n'occupe guères que le lit de la rivière et l'emplacement du chemin.

Nous rencontrâmes en route un homme d'environ cinquante ans , portant une caisse sur le dos , et accompagné de trois enfans dont le plus âgé paroissoit avoir quinze ans : l'un étoit chargé de la lanterne magique ; l'autre portoit un orgue d'Allemagne ; le troisième avoit soin de la marmotte.

« Le fils aîné de la famille que nous avons » déjà rencontrée , nous dit notre compagnon , » se trouve vraisemblablement parmi ces enfans. » Le chef de la bande fait un commerce d'ai- » guilles , de lacets , d'almanachs ; et il achète » (c'est l'expression reçue parmi eux) ces » jeunes gens , pour faire valoir sous sa direc- » tion les diverses branches de son industrie , » dont vous les voyez chargés ».

Le hameau de *Martinet* est dans une situation agréable ; le village de *Méolans,* dont il est une dépendance, se trouve tellement adossé

à

à la montagne, et elle est si haute et si perpen-
diculaire dans cette partie , que , pendant
quatre mois de l'année, le soleil n'éclaire presque pas les maisons ; mais lorsqu'il est parvenu
à sa plus grande hauteur, il brille sur les som-
mités d'un rocher situé au nord ; et alors,
tous les habitans de *Méolans* s'empressent de
gravir le tertre , afin de le revoir pendant quelques momens et de goûter sa bienfaisante
chaleur.

Une remarque que nous fîmes dans ce village
et dans tous ceux qui, par leur situation, jouissent peu de la vue du soleil, c'est qu'on y voit
plusieurs cadrans solaires, dessinés avec tout
le luxe possible , ornés des plus brillantes couleurs, et surmontés d'une devise en vers français ou latins , contenant des maximes religieuses ou morales , et le plus souvent des
louanges poétiquement exprimées. De tels hommages rendus à cet astre par des hommes qui
apprécient d'autant plus ses bienfaits qu'ils en
jouissent moins , nous parurent avoir quelque
chose d'intéressant. Ces cadrans sont communément l'ouvrage des curés , qui, dans leurs
loisirs, s'attachent à déployer à l'envi tout leur
goût dans le dessin et la peinture , toute leur
érudition dans les devises.

2.

Sur la montagne opposée, on aperçoit le village de *Revel*, autour duquel se trouvent quelques vignes, chose remarquable dans la vallée : une église d'architecture gothique et un presbytère sont bâtis sur un rocher, et environnés de quelques sapins ; des habitations groupées autour de ces édifices, composent ce village, dont l'aspect est assez pittoresque. Plus loin est le torrent de *Rioclar*, qui descend du sommet de la montagne ; et sur des hauteurs que ses flots ne peuvent jamais atteindre, on voit des maisons de campagne qui, dans des lieux si agrestes, peuvent passer pour jolies. C'est dans la gorge de ce torrent qu'existe la mine de cuivre que, sur la foi d'un de ces hommes à baguette divinatoire, si communs et si accrédités dans cette contrée, l'on avoit prise pour une mine d'or.

Après *Méolans*, on traverse la rivière sur un pont de bois, et la route suit constamment la rive droite : c'est là que la vallée commence à s'élargir, et que la rivière d'*Ubaye* offre sur ses rives, quelques prairies remarquables par leur verdure.

Un village assez considérable, nommé *les Thuiles*, est situé partie sur la route, et partie sur la hauteur ; et cette dernière portion, qui paroît, en général, mieux bâtie et plus riche, se fait remarquer par une vaste maison qu'on prendroit pour une manufacture. Ce territoire qui est bien cultivé et planté d'une grande quantité d'arbres fruitiers, présente un aspect fertile et riant.

Cependant, la nuit s'avançoit et la trace du chemin avoit disparu sous une immense quantité de pierres et de cailloux. Notre compagnon nous apprit que nous étions arrivés dans le lit du *Rio-Bourdoux*, le plus fougueux et le plus dévastateur des torrens qui descendent dans la vallée. Une petite gorge, placée sur le point le plus élevé de la montagne des *Orres*, indique son origine; mais peu à peu, d'autres torrens latéraux viennent s'y réunir et étendre son lit; bientôt une pente précipitée augmente sa force; les arbres sont déracinés; des pierres énormes (on en voit qui ont jusqu'à trois mètres cubes) sont entraînées; tous les obstacles sont renversés; et enfin, le lit du *Rio-Bourdoux* au moment où il se jette dans l'*Ubaye*, occupe un espace de demi-lieue, engravé à une grande profondeur : il n'y a même pas de doute que ses ravages ne se portassent sur la rive gauche, si, par un hasard assez remarquable, la montagne opposée ne formoit dans ses enfoncemens le torrent du *Bachelar*, qui est à-peu-près de la même espèce que son vis-à-vis, et vient se jeter dans la rivière, précisément au même

point ; de sorte qu'on peut présumer que, devenant abondans dans des temps et des circonstances semblables , leur choc paralyse leurs
effets réciproques.

Rien de plus effrayant que le mugissement
de ces eaux bouillonnantes; les échos le répè-
tent simultanément , et on croit entendre la
foudre à une distance moyenne. La force de
ses eaux agite vivement la colonne d'air qu'elles
supportent ; un vent impétueux se distribue
également sur les deux rives ; et on nous assura
que sa violence alloit quelquefois jusqu'à ren-
verser les arbres qui se trouvoient à un certain
éloignement sur ses rives ; aussi, présentent-
elles l'image de la destruction et du désordre.
Malheur au voyageur qui s'y seroit engagé par
un temps douteux! sa perte devient inévitable ;
car la moindre pluie, pendant un court intervalle
de temps, suffit pour déterminer la crue la plus
rapide; et, dans ce cas , rien ne peut le soustraire au danger. Quand nous traversâmes ce
torrent, ses eaux étoient distribuées dans une
vingtaine de petits ruisseaux, mais nous pûmes
considérer sa marche et ses effets ; deux jours
auparavant , sa fureur s'étoit fait sentir , au
point qu'un muletier et trois mulets avoient
été ses victimes.

Notre compagnon , qui nous donnoit ces

détails , nous servoit encore plus utilement , en nous guidant dans ce chemin dont la trace avoit disparu sous les pierres remuées dans la dernière inondation. Jamais , sans ses bons offices , nous ne nous fussions tirés de ce laby-rinthe, et nous nous serions vus dans la nécessité d'y passer la nuit ; ce qui, dans une saison assez avancée, et après une journée pénible , ne nous paroissoit pas récréatif.

Enfin , nous quittons le lit du *Rio-Bourdoux*, à la nuit tombante ; des lumières se montrent à nous. Sommes-nous à *Barcelonette* , s'écrie un de nous ? Non , répond notre compagnon ; « mais le village que vous apercevez , qui se » nomme *Saint-Pons* , n'en est distant que » d'un quart d'heure. C'est le plus ancien de » la vallée ; et on pense qu'il fut le premier » séjour des Bénédictins qui défrichèrent le » pays et civilisèrent ses habitans. Cette con- » jecture est appuyée par l'existence de quel- » ques inscriptions gothiques qu'on voit encore » sur le portail d'une église, dont l'architec- » ture , le clocher et les ornemens semblent » attester l'antiquité. A peu de distance de » *Saint-Pons* , on aperçoit les ruines d'un » vieux château que sa situation , sur une » éminence, doit avoir rendu autrefois très- » important ».

Enfin , nous arrivons à *Barcelonette* ; et après avoir remercié notre compaguon de voyage , nous allâmes goûter les douceurs de la plus cordiale hospitalité chez M. *Rippert* , sous-préfet de l'arrondissement, qui déjà avoit eu la bonté de nous offrir ses services et sa maison.

LETTRE IV.

La ville de *Barcelonette*, se trouvant placée
dans la partie la plus centrale de la vallée,
nous offroit le point le plus commode pour faire
des excursions dans le pays, et nous instruire
de tout ce qui peut mériter quelque intérêt.
Ce sera donc de ce quartier-général que j'aurai
soin de vous transmettre le récit de tout ce qui
me paroîtra digne de votre attention ; et autant
pour votre facilité que pour la mienne, vous
trouverez bon que chacune de mes lettres ne
traite qu'une partie distincte. Ainsi, lorsque
vous aurez lu tout ce que je vous manderai sur
son histoire politique, sur les mœurs et les
habitudes de ses habitans, sur les diverses
branches de l'histoire naturelle, etc., etc.,
vous pourrez, de tous ces détails réunis, vous
former une idée exacte de l'ensemble de cette
contrée.

Les Romains avoient eu, dit-on, un établissement dans le lieu où la ville est actuellement
placée ; cette conjecture acquiert un certain
poids par les traces de quelques murailles très-

épaisses , et assez semblables , par leur nature ,
à toutes les constructions romaines qu'on rencontre dans le reste de la Provence : on cite,
en outre , deux inscriptions antiques qui exis-
toient, il y a cent ans , mais dont nous n'avons
pu trouver aucun vestige.

Il est prouvé que la restauration de cette
ville date du règne de Raymond IV, comte de
Provence , qui la fit rebâtir , et lui donna en
1231 le nom qu'elle porte , pour consacrer,
sans doute , le souvenir du temps qu'il avoit
demeuré dans l'Arragon , et pendant lequel il
avoit habité la ville de *Barcelone* , si floris-
sante à cette époque. Neuf ans après , il fit
ceindre de murs sa nouvelle cité , et signala
l'affection qu'il lui portoit, par des concessions,
des priviléges successivement confirmés , des
établissemens , et enfin par toutes sortes de
bienfaits.

Ici, vous me ferez naturellement cette ques-
tion : si la fondation ou la régénération de
Barcelonette date de 1231 ; si ce ne fut que
dans ce temps qu'elle commença à s'appeler de
ce nom, quelle étoit donc son existence , sous
quelle dénomination étoit-elle connue avant
le règne de Raymond Bérenger ? Cette observation ne m'a pas échappé ; et peut-être aurai-je
l'occasion de l'examiner de plus près , quand

je vous entretiendrai de l'histoire de la vallée en général : mais, en attendant, il est permis de penser que, sous l'empire des conquérans des *Gaules*, la ville n'étoit pas considérable ; et qu'en supposant qu'ils y eussent un établissement, c'étoit une simple station que les anciens itinéraires n'ont pas même désignée.

La ville occcupe à-peu-près le centre de la vallée qui, dans cette partie, a une étendue d'environ demi-lieue ; une rue assez large la traverse dans sa longueur ; et les arcades sur lesquelles sont bâties les maisons adjacentes, offrent, dans tous les temps, des promenades et des communications commodes pour le commerce : chose essentielle dans une contrée couverte de neige pendant une grande partie de l'année.

Les maisons sont, en général, assez bien bâties ; celles qui appartiennent à des propriétaires riches, sont couvertes en ardoise ; les particuliers moins aisés emploient à cet usage des plaques en bois de mélèze ; mais ce genre de toiture et sa forme haute et aiguë qu'on a ainsi combinée, pour ne pas y laisser séjourner les neiges, donnent à ces édifices un aspect tout particulier. La plupart ont leurs principales façades vers le midi, et n'offrent que très-peu d'ouvertures du côté opposé. L'inté-

rieur de ces habitations est distribué avec assez
d'intelligence ; mais il n'est pas difficile de
juger que toutes les précautions ont été diri-
gées contre le froid.

Le bâtiment le plus remarquable est un
ancien collége, jadis tenu par des Doctrinaires;
cet établissement étoit renommé par les excellentes études qu'on y faisoit , et il a formé
plusieurs sujets distingués.

L'église paroissiale n'a rien qui puisse lui
attirer l'attention des voyageurs. On y voyoit
autrefois plusieurs confréries qui se régissoient
par des statuts particuliers, et avoient conservé
d'assez singuliers usages ; la plupart de ces cor-
porations se composoient d'individus exerçant
tous la même profession , et se réunissant, dans
les cérémonies, sous les bannières du saint que
les fondateurs s'étoient choisi pour patron. Une
des premières obligations imposées au personnage recommandable que l'association désignoit
annuellement pour son chef, étoit celle de
donner un grand dîner à tous les confrères :
dans quelques - unes les repas étoient suivis
d'une abondante distribution de pain et de riz
aux pauvres; et des rentes avoient été constituées pour subvenir à cette dépense.

La fête du patron de la ville se célèbre,
comme dans tout le reste de la Provence, par

de nombreuses et bruyantes décharges d'artil-
lerie ; il se forme pour cela une milice bour-
geoise , qui n'épargne rien pour se donner
d'élégans uniformes. Après l'office de l'après-
midi, la troupe déposoit les armes, disputoit
divers prix à la course ou à une espèce de lutte ,
et joùoit ensuite aux quilles avec une boule
d'une grosseur démesurée ; des chapeaux de
feutre et des plats d'étain étoient la récompense
de ceux qui se montroient les plus adroits ou
les plus forts.

Vous pensez bien que ces usages étoient
vivement regrettés par le peuple pendant la
révolution, et qu'on s'est empressé de les réta-
blir, dès que les circonstances l'ont permis.
Ces fêtes , ces usages ne rappellent-ils pas
les anciens, dont les cérémonies religieuses se
terminoient toujours par des exercices gymnastiques ou athlétiques ?

Barcelonette avoit autrefois un assez beau
couvent de Dominicains : c'étoit le seul établissement monastique qui existât dans la ville ; et
certainement il pouvoit compter parmi les plus
anciens de son ordre, puisqu'on faisoit remonter
sa fondation à 1280. Ces religieux étoient considérés et influens dans la vallée : ils avoient
aussi leur fête patronale, qui se célébroit par
une procession où figuroit la milice dont je

vous ai parlé ; la journée se terminoit par un
bal que donnoient les moines dans une des
salles de l'hôtel de ville.

Ce couvent avoit été detruit par les troupes
du *Baron de Vins*, en 1582 : il fut rebâti ; et
vingt ans après, il éprouva les mêmes ravages
de la part du trop fameux Lesdiguières. Depuis
la révolution, les bâtimens ont été vendus ; et
on a fait du local qu'occupoient l'église et le
cloître, une place régulière qui sera un jour
un des principaux ornemens de *Barcelonette*.

Peu de villes ont éprouvé autant de vicissitudes. Dans l'espace de deux siècles, elle a
été incendiée sept fois par suite des événemens
de la guerre, par des accidens, ou enfin par
les effets de la foudre (1). Il ne faut pas s'étonner
si les maisons modernes sont en plus grand
nombre, si elles sont bâties sur un plan plus
régulier, qu'on ne pourroit le supposer dans
une contrée presque séparée, par ses énormes
montagnes, du reste de la France.

La plaine sur laquelle est construite la ville,

---

(1) Elle fut incendiée par le marquis d'*Uxel*, en 1528 ;
par les Français, en 1542 ; en 1582, par le baron *de Vins* ;
en 1601, par les *Huguenots* ; en 1714, par un accident ;
en 1740, quatre-vingt maisons furent consumées par des
flammes allumées par la foudre ; enfin, une imprudence
causa, en 1761, l'incendie de cent maisons.

est élevée à 1,500 mètres au-dessus de la mer ; vous pourrez par là vous faire une idée de la vivacité de la température : le courant d'air entre les collines contribue encore à y maintenir une salubrité que de fréquens exemples de longévité prouvent de la manière la plus complète. Le dernier recensement porte la population de *Barcelonette* à 2,182 habitans ; et elle ne présente presque aucun accroissement depuis 1780, époque à laquelle M. *Darluc* a voyagé dans cette contrée. D'un autre côté, cependant, l'expérience prouve que le nombre des naissances y surpasse annuellement celui des décès : il s'ensuit donc nécessairement que, parmi les individus qui émigrent, il en est plusieurs qui ne retournent pas dans leur patrie, soit qu'ils se fixent ailleurs, soit que la mort les surprenne en route.

Tout s'accorde à faire de *Barcelonette* la capitale de la vallée ; et elle est aussi le point où l'on vient vendre toutes les denrées, et s'approvisionner de tous les objets de consommation qui peuvent être nécessaires : aussi, s'y tient-il, tous les samedis, des marchés qu'on pourroit presque comparer à des foires.

Il est difficile de trouver des situations plus riantes que les environs de la ville pendant la belle saison ; des jardins entourés de haies

vives, des prairies, des vergers, des groupes
d'arbres fruitiers, occupent une grande partie
de l'espace compris entre les montagnes, dont
la partie inférieure se termine par des terres
labourées : la rivière d'*Ubaye*, qui repose
agréablement le coup-d'œil, sert aussi à arro-
ser les propriétés riveraines, et à mettre en
mouvement plusieurs espèces d'usines, au moyen
de prises d'eau que la déclivité de son cours
rend très-faciles à établir. Mais les orages de
l'été, les pluies abondantes, et surtout la fonte
des neiges grossissent tellement cette rivière,
à certaines époques de l'année, qu'il en résulte
nécessairement des débordemens et des ravages
considérables. La seule inspection des lieux
démontre la nécessité de quelques ouvrages
propres à défendre la ville des irruptions des
eaux. Elles minent continuellement leurs bords;
et il est à craindre qu'elles n'attaquent un jour
les habitations qui les avoisinent.

Le mois de novembre se passe rarement sans
que la neige ne vienne couvrir tout le pays;
et elle y séjourne quelquefois pendant six
mois. Alors, la scène change dans la manière
de vivre, comme dans le paysage : ces masses
d'une blancheur monotone et fatigante pour
les yeux; ces arbres dont la végétation semble
ne produire que des frimats; ce sommeil silen-

cieux de la nature entière, indiquent la nécessité de se retirer dans les maisons. Aux
parties de campagne, aux courses sur les montagnes que rendent si agréables l'influence
d'un air vif, et le contraste que présentent à
chaque pas la fertilité et la verdure de la plaine
avec l'aspérité des montagnes, succèdent les
réunions de la ville, des bals, des jeux
de toute espèce, souvent même la comédie ;
et enfin tous les plaisirs de la société la plus
enjouée. L'été, ce sont des repas champêtres
que la bonne qualité des viandes, du laitage,
des légumes, des fruits, du pain, de l'eau,
et surtout l'appétit dévorant que procure cette
température, feroient envier des gourmands
les plus prononcés. L'hiver signale son règne
par l'abondance et l'excellence de toute espèce
de gibier, par la recherche qu'on met à tout ce
qui tient à la cuisine, et, en un mot, par une
excellente chère et la cordialité qui préside à
tous les repas. Arrivés à *Barcelonette* dans le
court intervalle qui sépare les deux saisons,
nous pûmes presque y juger les plaisirs propres
à chacune d'elles ; et long-temps nous conser-
verons le souvenir des momens agréables que
nous avons passés parmi les bons habitans de
cette ville.

LETTRE V.

Je ne veux pas vous faire attendre plus long-
temps la notice que je vous ai promise sur
l'histoire politique de la vallée de *Barcelonette*.
Il est juste de satisfaire cette curiosité si naturelle à tout homme instruit , qui le porte à
étudier ce que furent dès leur origine , et
dans la succession des temps , les peuples
qu'on veut faire connoître.

Tout annonce que les *Celtes* furent les premiers habitans de la vallée de *Barcelonette* ;
à diverses époques, on a découvert des tom-
beaux ; et les ossemens qui y étoient contenus
annonçoient des hommes d'une très – haute
stature , dont la plupart avoient les bras et les
jambes ornés de gros anneaux en cuivre ver-
nissé , de forme ronde ou carrée. Quelques
cadavres, trouvés il y a environ vingt-cinq
ans, avoient sur la tête des ornemens propres
à cette nation, et à leurs côtés étoit une lance
longue d'environ un mètre : il n'existe d'ailleurs aucune trace des édifices qu'ils auroient
pu construire ; et long-temps avant la conquête
des Alpes Maritimes par les Romains , cette
contrée

contrée étoit connue sous le nom de *Vallis
nigra*, *Vallée noire*; sans doute parce que
les montagnes étoient couvertes d'épaisses
forêts : ce qui prouve, de plus en plus, qu'elle
ne contenoit que des habitations éparses.

Mais, comme toute réunion d'hommes tend
à s'accroître et à se civiliser, ces peuples commencèrent à se faire connoître et à se distinguer parmi leurs voisins, sous le nom d'*Ésubiens*. On présume, ainsi que je vous l'ai déjà
dit dès ma première lettre, que leur chef-lieu
étoit au village d'*Ubaye*, sur la rivière de ce
nom; et l'analogie entre la dénomination de
l'ancien peuple et celle qu'a conservé le lieu
moderne, sert de conjecture pour appuyer
cette idée. Il me semble qu'on pourroit en
trouver de plus vraisemblables dans la situation
même du village d'*Ubaye*; en effet, n'est-il
pas à présumer que ces peuples, en se réunissant en société, ont choisi le point le plus
découvert, celui qui les mettoit en situation
de surveiller leurs voisins, s'ils concevoient
quelque méfiance, et d'établir des relations,
s'ils en éprouvoient le besoin? N'ont-ils pas
dû préférer l'entrée de cette vallée, aux gorges,
aux montagnes, dont les épaisses forêts ne
pouvoient disparoître qu'après de grands et
pénibles travaux?

3.

Quoi qu'il en soit, les *Ésubiens* avoient pour voisins à l'est, les *Gallitæ*, que Bouche (1) croit être les habitans de *Colmars* ; et Papon (1) ceux d'*Allos* : au nord, les *Ebroduni* et les *Caturiges* (les peuples d'Embrun et Chorges), dont ils étoient séparés par de hautes montagnes ; à l'ouest, ceux de Gap (*Vapinci*), sur la rive droite de la Durance ; et au sud, les *Edenates*, qu'on s'accorde à placer à *Seyne*.

Le pays où vivoient les *Ésubiens*, étoit très-stérile ; ils ne se livroient à la culture des terres, qu'autant qu'elle étoit nécessaire pour leurs premiers besoins ; l'éducation des troupeaux faisoit leur principale richesse ; et autant par goût que par nécessité, ils s'occupoient à faire une chasse constante aux bêtes féroces. Des cavernes ou de méchantes cabanes leur servoient de retraite, et ils s'y livroient au sommeil sur des tas de feuilles mortes, qu'ils couvroient d'une peau de chien ou de loup. Leurs mœurs et leur religion ressembloient beaucoup à celles des anciens *Gaulois*, avec cette différence cependant, qu'habitant dans le fond des montagnes, y menant un genre de vie plus dur, et que, n'ayant enfin aucune espèce de communication avec les côtes où les

(1) Histoire de Provence.

Phocéens avoient fondé la ville de *Marseille*, dès l'an 599 avant J. C., ils étoient physiquement plus forts, mais beaucoup plus ignorans et grossiers.

Les *Druides* formoient le premier ordre de l'état, et avoient la principale influence sur le gouvernement ; influence qu'ils s'attachoient à maintenir et à accroître, en laissant le peuple dans une mystérieuse incertitude sur leurs communications avec le ciel , sur leurs cérémonies, leurs maximes, et, pour ainsi dire, sur toute leur existence. Leur doctrine extérieure se bornoit à prêcher le respect aux Dieux, à proscrire toute action nuisible à son semblable , et à propager dans la jeunesse les germes de cette bravoure qu'on plaçoit chez eux parmi les premières vertus. Ils rendoient une espèce de culte à leurs parens morts : ordinairement, les chefs des familles étoient brûlés, et leurs femmes , qui les accompagnoient au bûcher , étoient précipitées dans les flammes avec tous les meubles que le défunt apprécioit le plus. On assure même que , lorsqu'il avoit marqué par des actions de courage , on attachoit un grand prix à conserver son crâne, qui, garni d'un métal précieux , servoit de coupe dans certaines circonstances. Hommage qui peint parfaitement la férocité de ces mœu-

tagnards! Il s'étoit formé successivement un
corps de nobles qui ne s'occupoient que de
guerre et de chasse, et auxquels, par conséquent, un courage journellement exercé et des
richesses considérables, avoient fait confier le
commandement sous la direction des *Druides.*
Ils prononçoient sur les affaires importantes ;
et, même en cas de guerre, l'un de ces nobles
recevoit une autorité extraordinaire et absolue,
qu'on avoit ensuite beaucoup de peine à faire
cesser, quand la paix étoit consommée.

Cependant, la nation entière s'assembloit
par députés à certaines époques ; elle délibé-
roit sur des intérêts généraux, et sur des
objets relatifs à la religion ; on réservoit, en
outre, à ces comices, la connoissance des
délits qui pouvoient compromettre la société
ou la sûreté publique.

Les lois punissoient le meurtre, les violen-
ces, le larcin et l'oisiveté.

Les femmes étoient absolument esclaves de
leurs maris, qui les employoient aux travaux les
plus pénibles, et exerçoient sur elles droit de
vie et de mort : les lois avoient, cependant,
essayé de tempérer cette rigueur ; car elles
établissoient la communauté des biens entre
les époux. Les interprètes de la religion
croyoient aussi leur avoir assuré un titre sacré

à la vénération des hommes , puisque c'etoit aux femmes qu'il étoit réservé de paroître inspirées , et de rendre des oracles qu'on consultoit dans des circonstances importantes : on peut présumer, néanmoins, que ce droit étoit circonscrit dans le nombre de celles que leur beauté rendoit dignes d'une initiation aux secrets des *Druides.* Ceux - ci joignoient encore à leurs attributions , l'éducation des enfans qui étoit la même pour tous , quelle que fût leur condition ; et les soins à donner aux blessés et aux malades , qu'ils traitoient dans des lieux cachés , avec des remèdes dont les dispensateurs avoient seuls le secret.

Tels étoient les *Ésubiens* , lorsqu'ils reçurent des *Boïens* et des *Insubriens* , qui habitoient les revers des Alpes sur les rives du Pô , l'invitation de se joindre à tous les peuples voisins pour attaquer les Romains. La tradition leur avoit appris que les *Gaulois* , leurs ancêtres , avoient acquis d'immenses richesses par le pillage qu'ils avoient fait dans des guerres contre les maîtres de l'Italie : il ne fallut pas d'autres motifs pour faire prendre les armes.

Toutes les nations habitant les Alpes se réunissent et marchent vers Rome : arrivées à *Clusium* en *Toscane* , cette armée rencontre les phalanges de la *République* , et celles-ci ne peuvent tenir contre le féroce courage d'un ennemi supérieur en nombre. Fiers de la victoire, chargés de butin, mais craignant d'être poursuivis, nos montagnards reprennent la route des Alpes.

Cependant, le consul *Émilius*, qui commandoit vers l'Adriatique, s'avançoit pour intercepter leur retraite; le hasard voulut que, dans le même temps, l'autre consul *Attilius*, venant de Sardaigne, opéroit son débarquement sur les côtes occidentales de l'Italie. Les Gaulois, pris entre deux armées, se rangèrent dos à dos, et firent des prodiges de valeur : les Provençaux, que Polybe désigna sous le nom de *Gesates*, à cause de l'espèce d'armes dont ils se servoient, se signalèrent par leur bravoure ; mais leur bouillante impétuosité contribua à faire tourner contre eux les chances de la guerre. La victoire des Romains, coûta à leurs ennemis environ quarante mille hommes tués ou faits prisonniers : les principaux chefs des nations transalpines, Aëoreste et Concolitan, furent du nombre de ces derniers ; mais celui-ci seul fut amené à Rome, l'autre ayant mieux aimé se donner la mort, que de servir au triomphe des vainqueurs.

Ces événemens malheureux empêchèrent sans doute les peuples de cette contrée, de se réunir à ceux de leurs voisins qui, quelques

années après, tentèrent de disputer le passage
des Alpes à *Annibal* ; soit par impuissance ou
découragement, soit par l'espérance de se voir
venger des Romains, ils demeurèrent tranquilles, et ne s'approchèrent pas du théâtre
de la guerre, qui cependant s'étoit établi à peu
de distance ; mais ils ne pouvoient espérer de
se soustraire long-temps à la domination
romaine. Quelques peuples voisins de la mer,
ayant assiégé les villes d'*Antibes* et de *Nice*,
colonies de *Marseille*, celle-ci demanda du
secours au grand peuple qui déjà commençoit
à vouloir intervenir dans toutes les affaires du
monde, et lui fournit ainsi une occasion qu'il
n'eut garde de négliger. C'est de cette époque
que datent leurs premières expéditions dans
les Alpes maritimes : de médiateurs qu'ils
étoient, ils devinrent bientôt les maîtres ; et
si leur entrée dans le pays avoit eu un prétexte,
sa conquête en trouve un plus plausible encore
dans une insulte grave faite à des ambassadeurs
du sénat.

A. Postumius, à la tête d'une armée, ravagea
la Provence méridionale, qui, dès ce moment,
devint province romaine. Mais la conquête ne
s'étendit pas jusqu'aux peuples des montagnes:
on se contenta d'exiger d'eux un tribut annuel ;
et ce ne fut que sous le règne d'*Auguste*, qu'ils

subirent tout-à-fait le joug, et furent incor-
porés dans la province des Alpes maritimes.
Si l'on en croit les monumens qui ont survécu
aux ravages des temps, et particulièrement les
trophées d'Auguste, dont on voit encore quelques vestiges à la *Turbie* (entre Nice et Mo-
naco), ce fut dans la treizième année du
règne de ce prince, et la dix-septième de sa
puissance tribunitienne , que treize peuples,
habitans les Alpes maritimes , parmi lesquels
sont cités les Esubiens , furent soumis à la
domination romaine (1).

---

(1) L'inscription est transcrite dans l'histoire de Provence , de M. *Papon*, tom. 1.er, pag. 107.

LETTRE VI.

Il paroît que ces peuples furent assez sages pour subir patiemment le joug de la nécessité; car, pendant cinq siècles, l'histoire ne nous présente sur leur compte, aucun fait important. On voit seulement qu'ils firent quelques progrès dans la civilisation, qu'ils eurent des relations plus fréquentes avec Marseille, et qu'ils se rapprochèrent peu à peu des Romains, dont ils goûtèrent les mœurs, les arts, le commerce, et même quelques dogmes religieux.

La religion chrétienne avoit cependant essayé de pénétrer dans cette portion des Alpes; car, dès l'an 48 de J. C., c'est-à-dire, 28 ans après la conquête, *Saint-Nazaire* et *Celse* vinrent y prêcher l'Evangile; mais ce fut sans succès. *Saint-Pons* fit la même tentative vers l'an 248, mais ne trouva pas les esprits plus disposés à l'entendre. C'étoit à *Saint-Marcellin*, premier évêque d'*Embrun*, en 320, que fut réservée la gloire d'allumer le flambeau de la foi dans une contrée qui s'étoit

constamment refusée à ouvrir les yeux à sa
lumière.

Cependant, l'empire Romain tendoit à sa
dissolution ; et les Alpes maritimes en offroient
une nouvelle preuve, puisque dans le milieu du
cinquième siècle, deux préfets du prétoire des
Gaules conspiroient, pour livrer aux *Visigoths*
les provinces confiées à leur administration.

Peu après, le sort de la guerre la faisoit
passer dans les mains des *Ostrogoths*, qui
possédèrent toute la Haute-Provence, jusqu'à
ce que *Vitigès*, leur dernier roi, se la vit en-
lever par Childebert, Clotaire et Théodebert,
qui régnoient l'un à Paris, l'autre à Soissons,
le troisième à Metz ; et auxquels il avoit déjà
fait cession de la partie méridionale de cette
province.

Mais les conquérans eurent bientôt à défendre
leur proie contre des ennemis plus redoutables :
les Lombards entrèrent dans les Gaules par le
Mont-Genèvre, commandés par *Amon, Jaban,*
et *Rodanus* ; et après avoir ravagé le *Dauphiné*,
ils se répandirent dans toutes les montagnes de
la Provence ; mais chassés par *Mammol*,
général de *Gontran*, les Lombards furent con-
traints de repasser les Alpes : ils avoient ap-
pelé les Saxons pour agir, de concert, dans
cette expédition, et leur avoient promis la

partage du butin et du pays conquis ; mais ils
ne purent ou ne voulurent pas même leur offrir
un asile dans leur pays, puisqu'ils les en chas-
sèrent de vive force. Les Saxons repassèrent
les Alpes, et laissèrent de nouvelles traces de
leur barbarie dans toute la Provence : l'une de
leurs colonies y avoit pénétré par le Piémont,
Embrun, et, sans doute, par la vallée de
Barcelonette ; l'autre s'étoit dirigée par les
côtes et la ville de Nice.

C'est à–peu–près dans le sixième siècle qu'il
se forma des établissemens de Bénédictins
dans la vallée, et cette époque est importante
pour ses habitans ; car c'est à ces moines
qu'on doit le défrichement d'une très–grande
portion des terres, et l'introduction d'une foule
de procédés qui créèrent l'agriculture. Mais
comment auroit-on pu espérer de perfectionner
ce premier des arts, puisque de nouveaux désastres menaçoient cette contrée? Les *Maures*
et les *Sarrazins* vinrent s'y établir (1), et ne
cessèrent leurs ravages et leurs dévastations,
que lorsqu'ils en furent chassés par *Charles-
Martel*.

Son petit–fils, *Charles-Magne*, étant de-

(1) C'est de cette invasion que datent les noms *Maures*
que portent encore quelques villages.

venu paisible possesseur de la Provence, notre
vallée goûta les avantages d'un gouvernement
sage, fort, plus éclairé que son siècle, et dont
les rênes étoient dans les mains d'un grand
homme. Mais sa mort fut le signal qui ramena
les Sarrazins en Provence ; et ils ne la quittè-
rent qu'après l'avoir pillée et saccagée de
toutes les manières.

Rien n'annonce que Barcelonette ait pris part
aux guerres entreprises par les rois Louis et
Carloman qui s'étoient fait couronner rois de
Provence ; mais elle eut encore à essuyer comme
le reste de la province, une nouvelle invasion
des Sarrazins ; et ces désastres ne se terminè-
rent que vers l'an 973, époque à laquelle
Guillaume I.ᵉʳ, comte d'Arles, aidé des troupes
que lui fournit l'empereur Rodolphe, délivra
le pays de ce brigandage dont l'histoire de
Provence fait un tableau si triste et si vrai.

La reconnoissance attacha donc notre vallée
aux comtes de Provence, qui, de leur côté,
commencèrent à lui accorder quelques priviléges ; mais ils s'accrurent sous le règne de
Raymond Bérenger V, qui, comme je vous l'ai
déjà dit, rebâtit la ville, et lui donna le nom
de *Barcelonette*.

Pendant que le comte de Provence, Louis II,
étoit occupé à la conquête de Naples, Amé-

dée VIII, comte de Savoie, s'empara de la vallée; ses statuts et ses priviléges furent conservés, en vertu d'une capitulation du 14 octobre 1388 : mais il ne la conserva pas long-temps ; car le comte de Provence la reprit, dès qu'il fut de retour de son expédition. La mort de ce dernier prince ayant donné lieu à une minorité, Amédée IX, qui, le premier, prit le titre de duc de Savoie, voulut joindre à ses états cette contrée, qui en étoit, en quelque sorte, la clef : il la garda jusqu'en 1447, époque à laquelle René d'Anjou, devenu comte de Provence, la reconquit de nouveau, pour la perdre encore peu de temps après.

Mais les dissentions survenues dans le siècle suivant, entre deux grandes puissances, décidèrent encore de son sort. Le duc de Savoie, Charles III, redoutant la France, n'osa pas se déclarer ouvertement pour Charles V, son beau-frère ; François I.er, convaincu toutefois qu'il le favorisoit secrétement, s'empara de Barcelonette en 1536.

Cette même année fut célèbre dans toute la Provence, par l'invasion de l'empereur, à la tête d'une armée formidable. Tout le monde sait qu'il ne retira de cette expédition, aucun des avantages qu'il s'en étoit promis. Le duc de Savoie éprouva les mêmes chances ; car, ayant repris Barcelonette, dès que les drapeaux impériaux avoient flotté sur les montagnes de Provence, il avoit été forcé de battre en retraite en même temps que son puissant allié.

La paix de Cateau - Cambresis lui rendit cette contrée, à laquelle il sembloit attacher tant de prix.

Cependant, les dissentions religieuses qui désoloient l'Europe, s'introduisirent aussi dans ces montagnes ; et la vallée de Barcelonette, dans laquelle les *Vaudois* n'avoient pu se faire des partisans, écouta les prédications des sectateurs de Calvin. Le duc de Savoie fit informer contr'eux en 1576 ; et la nouvelle doctrine fut abjurée par la plus grande partie de ceux qui l'avoient adoptée ; les autres se réfugièrent en Dauphiné.

La France, long - temps occupée de ses troubles, laissa jouir tranquillement les ducs de Savoie de cette possession, jusqu'au règne de Louis XIII, qui s'en empara en 1630, sous prétexte de la violation du traité de Suze ; deux ans après, la paix de Querasque rétablit les choses dans leur état primitif.

Enfin, le traité d'Utrecht vint mettre un terme aux vicissitudes qu'avoit successivement éprouvées la vallée de Barcelonette ; elle fut réunie définitivement à la France.

Quelles réflexions ne doit pas suggérer à l'observateur, le tableau succinct de l'histoire d'une contrée que son peu d'étendue, sa pauvreté et l'aridité de son territoire, auroient dû mettre à l'abri de toute ambition de la part de ses voisins ! On conçoit, néanmoins, que sa position entre les deux états et les défilés qui en forment la communication, pussent rendre sa possession importante ; c'est ce qui fit que, pendant près de vingt-un siècles, elle fut le théâtre successif de toutes les guerres que se firent les souverains environnans. Aussi, successivement ravagée et pillée, elle n'offre plus ni monumens anciens, ni aucun de ces titres qui, en intéressant le voyageur et l'historien, peuvent faire diversion à l'aride nomenclature du récit de ses principales révolutions.

La vallée de Barcelonette dépendoit, quant au pouvoir spirituel, du diocèse d'Embrun.

La forme de son administration civile remonte très-haut, puisque, sous ses différens maîtres, ses immunités avoient toujours été conservées.

Un gouverneur ou commandant particulier y exerçoit l'autorité militaire, et l'intendance d'Aix y avoit un subdélégué pour diriger les autres branches du service public.

Le droit écrit et les lois Romaines étoient
en vigueur à Barcelonette, sauf quelques règle-
mens ou statuts locaux ; c'étoit d'après ces
principes et sous la juridiction suprème du
parlement de Provence , que la justice étoit
rendue par un juge royal pris dans l'ordre des
avocats , et choisi par onze électeurs. Le Roi
devoit confirmer ce choix, qui se renouveloit
tous les ans.

En 1611 , on créa pour Barcelonette , un
préfet pour prononcer en appel ; il devoit
nécessairement être étranger à la vallée, et ses
fonctions ne duroient qu'une année. Par le
traité d'*Utrecht*, cette institution fut confir-
mée ; et Louis XV avoit accordé au gouverneur de Provence, la prérogative de présenter
des candidats. Parmi les priviléges dont jouissoit
la vallée , on apprécioit infiniment le droit de
ne payer le minot de sel que six francs : il
remonte à un temps immémorial.

Aujourd'hui, que toutes les parties de la
France ont été ramenées à un mode uniforme
d'administration et de jurisprudence, la vallée
de Barcelonette forme le premier arrondissement du département des Basses-Alpes : il ne
renferme que 18,154 individus, distribués en
vingt communes ; encore *Allos* ne devroit-il
pas en faire partie ; car la montagne de *Pallon*,
qui

qui sépare cette commune de son chef-lieu,
est couverte, pendant huit mois de l'année,
de neiges amoncelées qui interrompent souvent
les communications.

Depuis le traité qui le réunit définitivement
à la France, ce petit pays, que sa situation
et ses mœurs semblent isoler de tout ce qui
l'environne, a paru respirer sous une si puis-
sante protection : son territoire a servi de
passage aux armées qui alloient en Italie ;
mais il a été respecté. On ne peut même disconvenir que cette contrée n'ait éprouvé quelques
améliorations, depuis que l'administration des
préfets s'est attachée à étudier toutes les parties
de leur département, et à appeler sur celles
qu'on connoissoit le moins, quelques-uns de
ces bienfaits ou de ces secours dont les avantages se démontrent souvent par la seule inspection des lieux.

La réunion du Piémont à la France avoit
changé momentanément le système général des
frontières ; et le désir de rendre plus fréquentes
et plus commodes les communications des
anciens et des nouveaux départemens, avoit
dû faire concevoir le projet d'ouvrir une route
qui traverseroit la vallée dans toute sa longueur,
pour aller aboutir aux plaines du Piémont.
Ce seroit l'unique moyen de faire cesser le

4

défaut de communications, qui est le principal obstacle à la prospérité de Barcelonette.
Le roi de Sardaigne rentré dans ses états, et
uni au roi de France par les liens du sang et
d'une saine politique, ne se refusera pas, sans
doute, à donner suite à un plan dont l'exécution est depuis si long-temps désirée.

Je ne chercherai point, dans cette lettre, à
en développer les avantages : ce sera en parcourant la vallée, ou en vous entretenant de
son agriculture et de son commerce, que vous
pourrez juger quels seroient les résultats de ces
ouvrages pour la prospérité publique, et quelles
difficultés présenteroit leur exécution.

_____

LETTRE VII.

———

Quelques courses aux environs de *Barcelo-nette*, particulièrement sur des points élevés d'où l'on peut juger l'ensemble de la vallée, et des conversations avec des hommes instruits, m'ont procuré sur la topographie et la géologie de cette petite contrée, des renseignemens qui pourront vous intéresser. On appelle vallée de *Barcelonette*, l'espace compris entre les deux montagnes qui forment le bassin de la petite rivière d'*Ubaye*; plus, quelques embranchemens qui s'étendent vers l'est et le sud-est : sa plus grande longueur est d'environ 8 myriamètres (15 lieues), prise depuis le lac de *Longet* où la rivière prend sa source, jusqu'à son confluent dans la *Durance* ; trois lieues forment sa largeur moyenne, depuis la crête de la montagne de *Costeloupet*, qui est au nord de *Barcelonette*, jusqu'à celle de *Pallon*, sur le revers de laquelle est adossé le bourg d'*Allos*.

L'*Ubaye* est très-peu considérable à sa source; ses eaux, resserrées entre deux mon-

tagnes escarpées, descendent par cascades ; et
ce n'est guères que vers le village de *Saint-
Paul*, qu'on commence à voir sur ses rives ,
des prairies ou des terres labourées ; mais
bientôt, elle reprend sa marche primitive ; et
depuis le lieu où le torrent du *Melezen* vient
la joindre, jusqu'au village de *Jausier*, l'*Ubaye*
n'est elle-même qu'un torrent, que sa com-
pression seule empêche d'exercer ses ravages :
dans l'intervalle, elle se grossit des eaux de
l'*Ubayette*, qui vient du *col de la Magdelaine*,
une des communications avec le Piémont, et
arrose ensuite les territoires de *Meyronnes* et
de l'*Arche* , si renommés pour les pâturages
et les bestiaux.

Le bassin de la rivière principale s'élargit
successivement jusqu'à *Barcelonette*, où il est
dans sa plus grande largeur ; mais elle ne s'étend
pas au-delà de 2,000 mètres. Le torrent de
Bachelard se réunit à l'*Ubaye*, au-dessous de la
ville ; et depuis son origine, qui remonte au *col
Saint-Dalmas*, il coule dans le vallon de *Fours*,
l'un de ceux qui forment une dépendance de
la vallée principale ; arrivé au *Mourjan*, il
se dirige vers le nord , arrose la commune
d'*Uvernet*, et se confond enfin avec l'*Ubaye*.
Le bassin se rétrécit de nouveau, excepté dans
les points où les torrens viennent terminer

leurs cours impétueux, et ceux où la culture a donné lieu à quelques travaux.

En vous parlant du torrent du *Rio-Bourdoux*, je vous ai fait, à de légères différences près, le tableau de tous ceux qui arrosent, ou, pour mieux dire, qui désolent la vallée : ce sont des maux presque sans remède, par la difficulté de fixer un lit à des courans si rapides : digues, chaussées, jettins, plantations, ponts, tout seroit inutile, à moins d'y employer des sommes immenses.

La rivière d'*Ubaye*, qui, par sa nature, est assez peu différente des torrens, n'exerce de grands ravages que dans les lieux où elle cesse d'être resserrée : les environs de *Barcelonette* en offrent de tristes exemples ; car il ne se passe presque pas d'année, qu'elle n'empiète sur ses rives, et qu'elle n'entraîne dans son cours, des arbres voisins. Sa pente moyenne est d'un pouce par toise (12 millim. par mèt.) ; c'est-à-dire, que sa source est plus élevée que son confluent, de 458 t.ᵉˢ (916 mèt.). On y pêche des barbeaux, des meuniers, et surtout de très-bonnes truites : elles pèsent rarement plus d'une livre ; mais la qualité supplée à la quantité : et, en effet, ce poisson se plaît dans les eaux vives et courantes, telles que celles de l'*Ubaye*. Les loutres qui habitent les bords des rivières et les pêcheurs, dont le nombre s'est considéra-blement accru, contribuent à leur destruction ; moins encore cependant, qu'une espèce de vase que laissent certains grands débordemens, et qu'on prétend être imprégnée de particules de cuivre : cela ne seroit pas étonnant, puisqu'il existe des mines connues de ce métal, même dans le lit des torrens.

On trouve plusieurs lacs dans la vallée : les uns sont sur le sommet des montagnes, et d'autres dans des lieux plus enfoncés. Je vous ai déjà parlé de celui du *Lauzet;* celui d'*Allos*, le plus considérable de tous, mérite bien une visite particulière. Les autres seront aussi décrits, quand je vous rendrai compte de mes diverses courses ; et, surtout, lorsqu'ils me paroîtront dignes de quelque attention.

La chaîne de montagnes qui forme la partie septentrionale de la vallée, et dont la cime détermine les limites des anciennes provinces du *Dauphiné* et de la *Provence*, est extrêmement haute et escarpée : elle n'est interrompue que par quelques embranchemens et le lit des torrens principaux. Son organisation est constamment la même ; du schiste, dans la partie inférieure ; quelques bancs de grès placés, de distance en distance, dans le milieu ; des roches calcaires qui couronnent la montagne : tel est l'aperçu géologique que je puis vous donner. Aussi, si ce coup-d'œil, au premier moment, offre quelques belles horreurs, son aridité attriste bientôt le voyageur qui compte parmi ses jouissances le spectacle de la prospérité de la contrée qu'il visite : cette partie a été autrefois boisée ; mais soit que la main des hommes ait détruit les forêts, soit que la terre végétale ait été entraînée par les eaux, soit enfin, que cette situation méridionale ne convienne pas aux arbres résineux qui sont indigènes dans cette contrée, il n'existe, dans ce moment d'autres signes de végétation dans toute la partie supérieure de la chaîne des *Orres*, que de très-petites touffes de buis, abrités dans l'intervalle des masses de rochers. La partie inférieure reçoit la culture du blé, des légumes ; mais elle devient très-dispendieuse, parce que les terres ne peuvent se soutenir en terrasse que par des murailles ; et encore parvient-on avec peine à les garantir du ravage des eaux. On cultive la vigne dans quelques terrasses bien exposées, et surtout très-abritées, dans la partie de la vallée qui est plus basse que la ville ; car, au-dessus, la chaîne de montagnes se dirigeant vers le nord, le climat devient trop rigoureux pour cette espèce de végétal.

Au reste , le raisin ne parvient jamais à par-
faite maturité , et le vin est toujours très-
mauvais ; si toutefois la quantité qu'on en
recueille est assez abondante , pour qu'on
puisse compter cette récolte au nombre des productions du pays.

La montagne opposée, celle qui fait face au
nord, a la même élévation, et on y remarque
une organisation toute semblable. Le talus in-
férieur est un peu moins rude; aussi, le blé
s'y cultive-t-il plus commodément et avec
plus de succès ; mais les arbres fruitiers et les
vignes n'y réussiroient pas, parce que son ex-
position est froide, et que les rayons du soleil ne
peuvent y parvenir pendant une grande portion
de l'année : mais, en revanche, les mélèzes et
les sapins y sont nombreux et d'une force
extraordinaire; ce qui semble prouver que le
côté des montagnes qui fait face au nord , et
qu'on nomme dans cette contrée *Lubach*, est
infiniment plus favorable aux arbres résineux.

La chaîne méridionale s'entrouvre aussi quelquefois, pour donner passage à des torrens qui
roulent par cascades du sommet de la montagne; mais ils sont, en général, moins rapides , moins malfaisans que dans la partie
opposée. Cette observation s'explique par la
moindre déclivité du terrein, par les obstacles

que la terre, les arbres et leurs racines oppo-
sent à la marche des eaux; mais ces causes
vous expliqueront aussi la plus grande longueur de leurs cours.

Les vallons de *Fours*, dans lequel coule le
torrent de *Bachelard*; de *Meyronnes* et l'*Arche*, qui servent de bassin à l'*Ubayette*; enfin,
le défilé qui conduit au *col de Sestrières*, où
se trouve la source du *Verdon*, d'un côté, et
de l'autre, l'origine du torrent du *Martinet*,
sont resserrés entre des collines moins hautes
que celles dont elles forment les embranchemens latéraux; mais leur organisation est parfaitement identique.

LETTRE VIII.

L<small>E</small> climat est très-rigoureux à *Barceloncile*; on n'y connoît guères que deux saisons, l'hiver et l'été : la première s'annonce par des neiges qu'il n'est pas très-rare de voir tomber dès les premiers jours de novembre ; et rarement voit-on la fonte s'en opérer avant le mois de mai. Pendant ce long intervalle , le thermomètre descend assez souvent jusqu'à 18 degrés. Il est impossible de se faire une idée du spectacle que présente ce pays , lorsque la neige le couvre en entier à une épaisseur d'un mètre et demi; lorsque les aspérités des rochers se sont arrondies ; lorsque tous les ruisseaux , pris par la glace , ont disparu pour l'oreille et les yeux; lorsque les arbres ont remplacé leurs feuilles par des glaçons , et que les sapins , auxquels la nature les a seuls conservées , laissent à peine percer leur triste verdure ; lorsqu'on n'aperçoit aucune trace de végétation ; lorsque le soleil foible et décoloré ne paroît presque pas, ou s'élève à une si petite hauteur pendant le jour, que la vallée est obscurcie

par l'ombre des montagnes, tandis que les nuits
sont brillantes et claires par l'effet que produit
la lune sur les neiges amoncelées ; lorsqu'enfin,
le silence général de toute la nature et l'absence
de tous les êtres animés ne sont interrompus
que par les cris des loups ou des oiseaux de
proie pressés par la faim.

L'été est au contraire une saison délicieuse
dans cette contrée : presqu'aussitôt après la
fonte des neiges, les arbres reprennent leur
feuillage, et la terre se couvre d'une brillante
et forte végétation ; les rochers se dessinent ;
des sources limpides offrent des cascades dans la
plupart des intervalles, des sites pittoresques succèdent enfin à la monotonie ; la nature vivante
participe aussi à cet heureux changement ; car
on voit par-tout se multiplier les oiseaux et les
animaux, qui ne fuyent plus les habitations des
hommes ; parmi les habitans, ceux que la
rigueur des hivers et la coutume qu'ils ont
reçue de leurs pères, avoient chassés de ces
montagnes, y reviennent déposer leurs économies et respirer l'air natal : tout se ressent de
leur présence ; les jardins, les vergers semblent profiter des connoissances agricoles qu'ils
ont rapportées de leurs voyages ; l'activité et
l'industrie se déploient par-tout ; la joie et la
santé se peignent sur toutes les physionomies ;

et d'abondantes récoltes viennent à la fois couronner les travaux et dédommager des rigueurs de la saison passée.

Jamais les chaleurs ne sont fortes ; et dans la plus ardente canicule, on ne pourroit se passer de couverture dans son lit ; il n'est même pas rare qu'on se chauffe au mois d'août. Le thermomètre ne monte guères au-delà de 15 ou 16 d. ; encore la température est-elle modérée, pendant cette saison, par un vent frais qui règne dans toute la vallée, depuis onze heures jusqu'à midi : on lui attribue la propriété de faire mûrir le blé.

On jouit en général, dans cette contrée, d'une bonne santé ; et on pourroit citer plusieurs exemples de vieillards octogénaires qui, jusqu'aux derniers momens de leur existence, n'ont pas cessé de se livrer aux travaux les plus pénibles. La vivacité de l'air éloigne toute espèce de maladies épidémiques ; mais l'excès du travail et l'usage de mauvais fruits, y propagent souvent des fièvres intermittentes qui prennent, lorsqu'elles sont négligées, un caractère de malignité ; du reste, les fluxions de poitrine, les pleurésies, les catharres, ne peuvent qu'être fréquens par suite de cette vivacité de l'athmosphère, qui saisit les personnes qui sortent des lieux échauffés et des étables où plusieurs particuliers passent une grande partie de l'hiver. On remarque, encore, que les obstructions sont assez communes; et la cause en est attribuée au grand usage des légumes farineux, et surtout à l'habitude fâcheuse où l'on est de les manger à demi-cuits. Barcelonette seroit le seul pays des montagnes où l'on ne remarqueroit pas des écrouelles, des goîtres, des glandes au cou, et toutes sortes de maladies dont l'origine est attribuée aux eaux de neige; mais elles sont loin d'être aussi fréquentes et aussi prononcées que dans les vallées supérieures des *Alpes.*

Ce qui prouve évidemment la salubrité de l'air, c'est que la population s'accroît progressivement; et cette augmentation seroit bien plus saillante encore, sans l'émigration qui enlève annuellement un grand nombre d'individus, parmi lesquels un cinquième environ ne revient plus dans son pays, soit qu'il se fixe ailleurs, ce qui est assez rare, soit que la mort le surprenne dans ses voyages (1). Vous

_____

(1) A l'époque de sa réunion à la France, la vallée ne comptoit guères que 13,000 habitans; en 1780, elle étoit forte de 16,500; et en 1802, de 18,154. Le recensement de 1806, fait avec plus de soin que les autres, aura, comme par-tout, présenté des accroissemens.

concevrez, d'après ce que je viens de vous
dire sur la topographie et le climat de la
vallée, que ses habitans doivent être essen-
tiellement agricoles; mais cette même description vous aura aussi donné une idée des peines
physiques et des frais qu'entraîne la culture
des terres.

Les terreins qui se trouvent placés dans la
partie basse des montagnes, sont soutenus par
des murailles qui en font des espèces de terrasses : en outre, on est obligé de les *effondrer*
tous les quinze ans, c'est-à-dire, de les remuer
jusqu'à la profondeur d'un mètre et d'un mètre
et demi. Cette opération, qui a pour objet le
mélange des terres superficielles avec la marne
argileuse qu'on rencontre au-dessous, a le
double avantage de fertiliser les terres, et
d'empêcher les plus légères d'être entraînées
par les pluies. Dans quelques parties de la
vallée où la marne manque totalement, on est
obligé d'user d'une grande quantité de fumier;
il est d'autres terreins sabloneux où toutes les
cultures peuvent à peine produire de mauvais
seigle. La partie basse, c'est-à-dire, celle qui
borde la rivière, est destinée aux prairies, aux
jardins, aux vergers, aux plantations de chanvre; elle est assez généralement fertile, et
toutes ses productions y sont de très-bonne

qualité ; mais on a à prévenir et à combattre sans cesse, le ravage des eaux des torrens et des ravins.

Les labourages se font avec des mulets ou des bœufs ; on prend la précaution de ferrer ces derniers animaux, quand on les emploie dans des terrains déclives. Dans les années communes, la vallée produit à-peu-près assez de blé pour nourrir ses habitans ; mais comme les propriétés sont extrêmement divisées, et que l'émigration diminue beaucoup la consommation, chaque habitant recueille ordinairement de quoi satisfaire le premier besoin de la vie. Je vous ai déjà dit qu'on ne doit compter pour rien le produit des vignes.

Il n'y a pas long-temps que la culture des pommes-de-terre a été introduite à Barcelonette. Le peuple même a eu beaucoup de peine à en adopter l'usage ; mais actuellement, il fait sa principale et meilleure nourriture de ce végétal, qui est véritablement excellent dans cette contrée.

Les noix, les pommes, les poires, certaines espèces de prunes, quelques pêches d'assez médiocre qualité, sont les seuls fruits que la température et la nature des terres puissent comporter. Ils sont d'un goût exquis ; mais leur maturité est très-lente. En général, toutes

ces diverses récoltes ont à-peu-près un mois
de retard sur celles du reste de la Provence ;
ce qui les porteroit aux mêmes époques qu'à
Paris, plus élevé dans sa latitude, de 4° ⁷⁄₇.

Ainsi, donc, la vallée de *Barcelonette* est
tributaire des pays voisins, pour tous autres
objets que le blé et les légumes. Les Provençaux lui portent à dos de mulets, de l'huile,
du vin, des figues, et, en outre, les épices,
le sucre, le café ; et, en général, tous les
objets de luxe ou de commodité dont *Marseille* est l'entrepôt général. On tire du *Piémont*, du riz, des toiles, du chanvre, des
châtaignes. Quelques fabriques situées dans la
vallée ou aux environs, lui donnent des draps
grossiers ou des étoffes uniquement employés
par les habitans du pays.

Il faudroit donc de grandes ressources pour
soutenir avec avantage cette balance marquée
en faveur du commerce d'importation, et
on ne peut guères les chercher que dans la
vente des bestiaux et de la laine qui en
provient, ou dans le produit des pâturages
situés au sommet des montagnes. On ne peut
même calculer sur la vente des fromages ; car
l'immense quantité qu'on en fabrique dans le
pays, s'y consomme ou par ses habitans,
ou par les bergers, et ne sauroit faire un
objet

objet de spéculation. Ce sont donc les troupeaux qui forment sa principale richesse ;
aussi, cette branche de l'industrie agricole
me fournira-t-elle quelques détails qui pourront vous intéresser.

LETTRE IX.

Je viens de faire une promenade aux environs de *Barcelonette*, dans l'intention de connoître et de pouvoir vous présenter ensuite, les détails que je vous ai annoncés sur la transmigration annuelle des troupeaux de la Basse-Provence dans les Alpes ; et comme nous nous trouvons à l'époque où le retour de l'hiver rappelle nos pâtres dans des climats plus tempérés, j'ai eu la satisfaction de voir, par moi-même, la marche et le régime de ces peuples nomades, soit dans les routes, soit dans leurs cantonnemens. La partie de mon récit, qui est étrangère à la vallée de *Barcelonette*, a été puisée dans la conversation d'hommes instruits qui ont eu la bonté de nous faire les honneurs de leur pays.

C'est principalement aux environs d'*Arles*, dans les immenses plaines de *la Crau* et de la *Camargue*, que ces troupeaux demeurent pendant la saison rigoureuse ; on peut même dire qu'ils y ont leur domicile de droit, puisqu'ils appartiennent, pour la plupart, à des

propriétaires de cette contrée. Tout le terrein
destiné aux pâturages, est divisé en un certain
nombre de portions, dont la circonscription est
déterminée d'après l'étendue du terrein qui peut
fournir à la nourriture de chaque troupeau.
L'herbe y est d'une excellente qualité ; car les
moutons qui paissent dans ces lieux, ont la
chair d'un goût exquis, et la laine en est, en
général, très-belle. Ces animaux couchent
toujours en plein air, à l'exception du jour de
la tonte : ils parquent dans une enceinte fer-
mée par des claies assez fortes et assez élevées
pour que les loups ne puissent les franchir ; et
tous les deux jours, on change de local, afin
que le fumier soit également réparti.

Les bergers ne quittent jamais leurs troupeaux : dans l'un des coins de l'enceinte, ils
se construisent une petite cabane avec des
joncs ; et c'est là qu'enveloppés de leur *cape*,
ils bravent toutes les intempéries de la saison.
Cette *cape* est un manteau d'étoffe grossière,
surmonté d'un capuchon pour abriter la tête,
et ayant une panetière pour renfermer les
provisions de la journée.

Les femmes, les enfans et les vieillards,
habitent une espèce de chaumière placée au
centre du terrein destiné à chaque troupeau ;
deux pièces composent cette rustique habitation : l'une est destinée à contenir les bagages,

les ustensiles de ménage, les provisions et un
peu de paille sur laquelle un matelas est
étendu pour servir de lit commun à toute la
famille ; l'autre pièce est une étable, dans
laquelle on renferme les ânes et les bestiaux
qui tombent malades ; auprès se trouve, le plus
souvent, un puits destiné à fournir l'eau nécessaire aux hommes et aux bestiaux. Les oc-
cupations des femmes consistent à faire, deux
fois par jour, la soupe aux bergers ; et elles
la composent d'un mélange d'eau et de pain,
relevés par de l'huile, avec un peu de lard et de
sel ; en outre, elles font les fromages et vont
les vendre, ainsi que le lait, dans les villes ou
villages les plus voisins.

Telle est à-peu-près la manière de vivre de
ces peuplades pendant l'hiver. Je vais actuellement vous décrire leur marche vers les *Alpes*
et le régime qu'elles observent, lorsqu'elles y
sont arrivées. C'est du 15 au 20 de mai que
se donne le signal du départ ; et pour que tout
se fasse avec plus de régularité et d'économie,
plusieurs particuliers réunissent leurs troupeaux ; ces associations se composent de dix
à vingt mille bêtes, suivant l'étendue des
pâturages, dont on s'est assuré d'avance.

Chaque troupeau est administré par un chef
désigné sous le nom de *Bayle ;* il y a sous lui

un adjoint, et, en outre, un berger pour ce qu'on appelle dix *trenteniers* de moutons (trois cents animaux) ; à ce nombre, sont attachés deux ou trois chiens ; et rarement les troupeaux qui marchent ensemble, forment – ils une réunion plus forte que deux mille têtes : ceux qui obéissent au même Bayle, se suivent à quelques journées de distance, et quelquefois se dirigent par des routes différentes, mais qui toutes viennent aboutir au point déterminé.

Dès que l'association est convenue, les Bayles particuliers se réunissent, et l'un d'eux est désigné pour la direction générale du voyage, et surtout pour recevoir et compter l'argent. On lui donne pour adjoint un autre *Bayle*, qui prend le titre de *Bayle comptable* ou *Escrivan*; et c'est à celui-ci qu'est confié le soin de tenir les écritures et de contrôler toutes les dépenses. Il va ordinairement en avant, pour traiter avec les propriétaires chez lesquels se fait la couchée ; il détermine les mesures à prendre pour empêcher le dégât, et régler les indemnités dues pour les désordres qui auroient lieu malgré ses soins.

Le *Bayle* général, environné de tous ceux qui dirigent en particulier les autres troupeaux, se tient vers le centre de l'association,

où sont aussi les femmes, les enfans et les bagages portés par des ânes. C'est de ce quartier-
général qu'il dirige la marche de chaque troupeau, de concert avec tous les *Bayles*. Ses
ordres sont transmis et exécutés promptement :
et souvent, il délègue un de ses lieuténans qui
se porte sur tous les points, pour s'assurer
que le bon ordre règne par-tout, et qu'il ne se
passe rien de contraire à l'intérêt général : c'est
celui-ci qui est chargé de pourvoir aux approvisionnemens, et qui préside aux distributions
de chaque jour.

Plusieurs routes sont marquées pour se rendre à la commune destination. Les troupeaux
stationnés à *Arles*, viennent à *Aix* ou à *Marseille*; et quand ils se rendent dans les *Hautes-
Alpes*, ils passent la *Durance* à *Mirabeau*,
pour prendre ensuite la route de *Manosque*,
Forcalquier, *Sisteron*, *Gap*, etc.

Les uns viennent à *Barcelonette* par *Vinon*,
Greoux, *Valençoles*, *Digne* et *Seyne*; d'au-
tres par *Barjols*, *Riez*, *Mezel* et *Digne*; quel-
ques-uns enfin prennent la route de *Brignolles*,
Lorgues, *Draguignan*, *Bargemont*, *Saint-
Auban*, *Annot*, *Colmars*, *Allos*.

Ils ne font que trois ou quatre lieues par
jour; encore leur marche se trouve-t-elle par-
tagée par une station ; car, dans quelque lieu

qu'ils se trouvent, ils s'arrêtent pour laisser
passer la grande chaleur, et s'acheminent ensuite vers la couchée. Leur gîte est marqué et
arrêté d'avance ; car, dans tous les lieux qu'ils
traversent, il se trouve des propriétaires qui
les reçoivent, sans autre rétribution que le don
d'une portion du lait des brebis ou des chèvres
qu'on fait traire avant le départ ; mais ils
voient aussi quelques avantages dans le fumier
qui demeure sur le terrein où parquent les
troupeaux , et dans la vente des fourrages
nécessaires à leur nourriture. Quant aux bergers, on les gratifie d'un peu de vin , et on ne
manque pas de les régaler d'une omelette au
lard ou au jambon, espèce de mets dont ils
sont très-friands. Il n'est pas difficile de leur
procurer de quoi se coucher ; car, à moins de
pluie, et, dans ce cas, ils s'établissent dans
les écuries ou greniers à foin, leur lit n'est autre
chose qu'un peu de paille répandue sur la terre,
et sur laquelle ils étendent la couverture de
leurs bagages ; les bâts de leurs bêtes de somme
leur servent d'oreiller.

Leur marche, toujours uniforme, s'annonce
par le bruit d'énormes sonnettes suspendues
au cou des boucs qui précèdent et conduisent
les troupeaux. Ces animaux portent la tête
haute ; ils étalent des cornes contournées et

dans les plus hautes proportions; ils font parade d'une barbe qui leur descend jusqu'aux genoux, et semblent fiers des fonctions qui leur sont déléguées. Arrivent-ils devant un torrent, sont-ils barrés par un obstacle quelconque, on les voit s'arrêter, et ne reprendre leur marche que lorsque l'ordre d'un berger ou les cris des chiens les ont rassurés sur le danger, ou leur ont démontré la nécessité de le braver : alors, ils s'élancent avec courage, et ébranlent toute la masse qui suit scrupuleusement tous leurs pas. Parmi les moutons qui marchent serrés les uns contre les autres, on voit s'élever les bergers vêtus d'une large casaque, couverts d'un chapeau rabattu et armés d'un long bâton ferré, avec lequel ils stimulent les traîneurs. A leurs côtés sont leurs fils qu'ils instruisent dans l'art de conduire et d'élever les troupeaux; dès que ces enfans ont atteint l'âge de cinq ans, ils font la route à pied et commencent leur carrière, en se rendant utiles à leurs pères et à leurs grands-pères.

Sur les flancs sont de très-gros chiens, qui courent sans cesse de la queue à la tête ; ils font rentrer dans la ligne les moutons qui s'en écartent pour brouter un peu d'herbe, et ne souffrent aucun prétexte qu'on reste en arrière. On se feroit difficilement une idée de l'intelli-

gence avec laquelle ils interprètent et exécutent
les ordres de leurs maîtres, et savent même
faire de leur propre mouvement tout ce qu'ils
jugent nécessaire pour régulariser ou accélérer
la marche. Ces animaux paroissent cependant
dégénérés de la race primitive connue sous le
nom de chiens de bergers : on les prend dans
les environs de *Colmars*; et, dans quelques
villages de cette contrée, on s'attache à en
maintenir la race. En tout, leurs formes exté-
rieures n'ont rien de remarquable; elles semble-
roient même les rapprocher de l'espèce du loup
dont ils sont cependant les implacables ennemis.

La marche se termine par les mères, les
jeunes filles et les enfans en bas âge; ces femmes
conduisent un troupeau d'ânes qui portent,
d'une part, les enfans trop petits pour marcher,
les berceaux de ceux qui sont à la mamelle, et
les agneaux qui naissent pendant la marche; de
l'autre, les bagages de la troupe, de grands vases
de fer-blanc destinés à renfermer du lait; et enfin,
tous les ustensiles nécessaires pour la confec-
tion du fromage et du beurre. Rien n'égale l'air
de santé et de fraîcheur qui règne sur toutes les
physionomies de ces êtres qui passent un quart
de l'année en marche, le reste sur les montagnes
ou dans les champs, couchant presque toujours
en plein air, et faisant du lait des brebis leur
principale nourriture.

LETTRE X.

Arrivés sur les montagnes, nos bergers et leurs troupeaux se distribuent par quartiers, les pâturages immenses qui existent sur les sommets, et y mènent à-peu-près le même genre de vie que dans les plaines de *la Crau*. Les Bayles en chef, placés dans une cabane centrale, continuent de tout diriger, ayant sous eux les mêmes adjoints qui les ont secondés pendant le voyage. Les bergers suivent les troupeaux nuit et jour, et veillent sans cesse avec leurs chiens, pour les garantir des loups, si communs dans cette contrée. Leur principale nourriture se compose de pain et de lait; si, par fois, ils y joignent quelque peu de viande ou de lard, un peu de soupe ou une portion de légumes, c'est pour eux un régal extraordinaire : les femmes leur préparent ces alimens, pour lesquels elles vont s'approvisionner, tous les huit jours, dans les villages voisins. A ces voyages près, cette espèce d'hommes n'a aucune communication avec le reste de la société ; et cependant cette vie

pastorale, qui nous paroît si singulière, a pour
eux tant de charmes, qu'il est infiniment rare
de la leur voir abandonner. Ils passent l'hiver
dans de vastes plaines, loin de toute habitation, et y mènent la vie la plus pénible et la
plus monotone. L'été s'écoule d'une manière
plus étonnante encore ; car ils le passent sur
de hautes montagnes ; sous le ciel le plus pur,
ils voient quelquefois les orages se former à
leurs pieds et ravager les contrées inférieures,
tandis que, tranquilles et sans inquiétude, ils
règnent sur de vastes et rians côteaux de pelouse ; ces prairies semblent de vastes jardins
anglais formés par la nature elle-même, car on
y voit, par intervalles, des masses de rochers
d'où jaillissent des sources lympides, qui, après
avoir procuré aux bergers et aux troupeaux
des eaux excellentes, vont, en suivant l'intervalle des côteaux, former ou grossir les
torrens fougueux dont je vous ai déjà entretenu. C'est dans ces solitudes qu'ils vivent,
sans jamais regretter les fertiles contrées qu'ils
traversent périodiquement deux fois l'année,
et sans porter envie aux agrémens que trouvent les hommes dans leurs réunions ; leur
famille absorbe toutes leurs sensations ; leur
existence civile et politique est toute entière
liée à celle de leurs troupeaux, et leur unique
fortune s'y trouve également attachée ; car elle

consiste ordinairement en un certain nombre
de brebis qu'ils ont en propriété , et qui se
proportionne à la force du troupeau. Communément , ils possèdent une brebis sur trente ,
et de plus, les chèvres qui accompagnent les
bestiaux.

Ces hommes jouissent, en général , d'une
bonne santé ; les inflammations de poitrine
sont les seules maladies auxquelles ils soient
sujets. En gardant leurs troupeaux, ils s'occupent à faire des jarretières ou des cordons de
laine dont les couleurs sont mélangées, et les
tissus faits avec assez de goût : leurs distrac-
tions consistent à fredonner quelques airs mo-
notones et rustiques sur de petites flûtes à
six trous.

Quoique rustres et grossiers, ils ne man-
quent pas cependant d'une certaine intelligence : ils se font une espèce d'astronomie, à
l'aide de laquelle ils connoissent les heures et
prédisent le temps ; ils tiennent fortement à
leurs intérêts ; mais cela ne les empêche pas
d'être d'une probité sévère entr'eux et envers
les personnes avec lesquelles ils se trouvent
avoir des affaires à traiter. C'est bien chez ces
peuplades que semblent s'être réfugiées ces
mœurs pastorales qui régnoient dans les premiers âges du monde. Jamais de diffamations,

de vols, de voies de fait ; s'il s'élève quelques
contestations entr'eux, elles sont jugées par
les anciens ; et jamais, ou du moins rarement,
elles sont portées devant les tribunaux : les
délits et les crimes qui déshonorent la société,
sont à-peu-près inconnus. Dès que les jeunes
gens ont atteint l'adolescence, on les marie,
et jamais on ne leur cherche une compagne
qui appartienne à une classe différente de la
leur. L'autorité paternelle y est dans toute sa
vigueur ; et comme, par la longévité des vieillards et la précocité des mariages, les familles
deviennent extrêmement nombreuses , les
grands-pères et les pères forment respectivement
une espèce de magistrature, dont les volontés et
les décisions sont toujours respectées. La première fois que je rencontrai une de ces cara-
vanes, l'un des chefs, qui me parut âgé de
5o ans au moins, s'adressa à moi et me dit :
« *Oncle*, quelle heure est-il » ? Je fus étonné
d'avoir un neveu si âgé, et qui assurément
m'étoit inconnu : mais ma surprise se changea
en une sorte d'estime, quand je sus qu'ils donnoient aux vieillards qu'ils rencontroient, le
titre de *père*, et aux personnes moins âgées,
celui d'*oncle*, quand ils vouloient les honorer.
Il me semble qu'il y a dans cette manière de
s'exprimer, quelque chose de patriarchal qui

doit intéresser en faveur de cette classe d'hommes si singulière et si utile.

Les brebis couchent toujours en plein air :
depuis quelque temps on a cependant construit à *Colmars*, à la *Sestrière*, au lac d'*Allos*,
de vastes cabanes destinées à recueillir les
troupeaux pendant les orages. Ces animaux
acquièrent par la vivacité de l'air et la bonté
des pâturages , une vigueur extraordinaire :
et on la voit se développer dans les agneaux
qu'on sèvre peu après l'arrivée dans les montagnes ; leur laine est, en général, touffue et
d'excellente qualité ; leur nourriture est souvent relevée par de petites distributions de
sel ; et ces animaux , qui en sont très-friands ,
s'en trouvent très-bien.

Vers la fin de septembre, les peuplades et
leurs troupeaux se mettent en marche dans le
même ordre qu'on avoit mis en venant, pour
aller reprendre les stations de l'hiver , aux
environs d'*Arles* , ou dans d'autres parties de
la *Basse-Provence*.

On évalue à 500,000 le nombre de moutons,
brebis ou chèvres qui viennent paître l'herbe
des montagnes des *Hautes* et *Basses-Alpes* ; et
la vallée de *Barcelonette* en reçoit pour sa part
près d'un cinquième. Quelques personnes ont
prétendu que chaque tête de bétail coûtoit ,

dans le cours du trajet, d'un franc à un franc
vingt-cinq centimes : d'après les renseignemens que je me suis procurés et les observations que j'ai faites (1), cette quotité peut être
réduite à 75 centimes ; les pâturages sont affer-
més à un franc par tête pour les quatre mois ;
ce seroit donc 80 à 90,000 francs qui entre-
roient dans la vallée, sans compter le prix de
la nourriture des bestiaux qui appartiennent à
ses habitans en particulier ; et on assure que
ces troupeaux sont au moins de 60,000 têtes :
genre d'industrie d'autant plus avantageux,
que la bonté et l'abondance de la laine les font
autant rechercher dans les contrées environnantes, que l'excellente qualité de leurs viandes.

Les pâturages appartiennent à des communes ou à des particuliers, et le prix qu'on
en retire, forme la principale branche des
revenus de ces propriétaires. Il paroît étonnant, au premier coup-d'œil, qu'ils ne pro-
fitent pas des avantages que donnent de semblables possessions, en entretenant eux-mêmes
des troupeaux ; mais, en y réfléchissant, on conçoit que la rigueur de la saison, que la pénurie
des fourrages secs, que l'exiguité des bâtimens
aient commandé impérieusement la nécessité de

_____

(1) En 1802.

n'avoir que les troupeaux nécessaires pour la
consommation habituelle, et quelques médio-
cres spéculations. Tous ces motifs pesés dans
la balance d'un intérêt local bien entendu, ont
sans doute déterminé les habitans de *Barcelonette* à suivre l'usage qui existe de temps immémorial. L'amélioration des bêtes à laine,
par le croisement des races au moyen de l'introduction des mérinos, a été l'objet de mes
fréquentes questions; mais j'ai vu par-tout
régner des craintes sur la rigueur du climat,
qui ne permettroit pas à ces animaux de s'ac-
coutumer à une température si différente de
celle qui leur est propre; et une aveugle rou-
tine vient encore fortifier ces fâcheuses con-
jectures. Néanmoins, quelques personnes
éclairées, à la tête desquelles on doit placer
M. *Rippert*, sous-préfet, se proposent de
faire quelques tentatives; et des demandes ont
dû être faites à M. *Heurtaut-Lamerville*, de
beliers et brebis mérinos pris dans ses troupeaux : il est à désirer que le succès réponde à
ces vues utiles et au zèle qui les a dictées.

LETTRE XI.

LETTRE XI.

Les pays de montagnes sont, en général,
féconds en mines; et la recherche de ces richesses entroit pour beaucoup dans notre curiosité,
d'autant plus qu'elles sont aussi peu connues
qu'appréciées dans la vallée de *Barcelonette*. Il
faut dire aussi que la rareté du bois pour l'exploitation, que le défaut de capitaux, et surtout le manque absolu de moyens de transport
et de communication, ont empêché jusqu'à ce
moment les habitans de cette contrée de mettre
à profit les bienfaits que la providence leur a
départis, comme un juste dédommagement de
tant de privations.

Nous avons parcouru la situation de ces
mines, et je vais essayer de vous en donner
quelques notions.

On prétend qu'il existe une mine d'or à
Mauren et à *Fouillouse*, vers l'extrémité orien-
tale de la vallée, et dans un lieu presque
inaccessible : la seule preuve qu'on en ait pu
donner, est l'assertion d'un particulier,
qui, ayant trouvé dans le torrent quelques

6.

morceaux de ce précieux métal, les porta chez
un orfévre de Grenoble; et celui-ci, après l'avoir
reconnu bon, le mit en œuvre et en fit, dit-on, des
boucles d'oreille. Toutes les personnes que j'ai
interrogées, m'ont donné ce fait comme no-
toire; mais aucune n'en parle comme témoin
oculaire : il seroit donc postérieur au voyage
de M. *Darluc*, qui, s'occupant particulièrement d'histoire naturelle, n'auroit pas manqué
de s'en assurer et d'en faire mention, s'il en
eût eu connoissance. Ce naturaliste n'ajoute
pas une plus grande croyance à la prétendue
existence de ce métal dans les mines d'*Ubaye*.
Il dit que, s'il s'en trouve, c'est en très-petite
quantité.

Les habitans de ce village vantent beaucoup,
en revanche, la mine d'argent située au pied
du mont *Mourgon* : ils prétendent que quatre
onces de minerai envoyées à *Turin*, donnèrent
vingt-quatre sous en argent; ce qui feroit environ 500 francs pour un quintal de minerai :
mais ces faits sont démentis par la malheureuse
expérience de cinq particuliers de *Seyne*, qui
l'exploitèrent sans succès, il y a une cinquan-
taine d'années, et celle d'un entrepreneur qui,
ayant repris ces travaux trois ans après, fut
forcé de les abandonner, parce que le minerai
étoit trop imprégné de soufre, et qu'il falloit

üne très-grande quantité de mercure pour l'en séparer.

On a prétendu aussi, que le territoire de *la Bréoule* renfermoit des mines d'argent et de cuivre ; mais ces assertions populaires ne peuvent supporter la moindre recherche.

Il y a une mine de cuivre bien connue aux environs de *Revel* , sur la rive droite de l'*Ubaye*. Ce métal , dont la gangue est de quartz, paroît pur et assez abondant. C'est ce qu'ont décidé tous les chimistes auxquels nous avons présenté nos échantillons ; et il est vraisemblable que cette mine pourroit être exploitée avec avantage.

A deux mille mètres de *Barcelonette* , dans la forêt dite des *Allemands*, qui se trouve sur le revers de la montagne de *Costeloupet*, on voit un rocher formé d'une immense quantité de cubes semblables à de petits dés à jouer , qui paroissent être d'un cuivre brun. L'analyse a prouvé que ce métal n'y entroit qu'en petite proportion, et que le souffre y dominoit : nous pensons qu'il faut ranger cette substance parmi les *pyrites cuivreuses*. Ce qu'il y a de remarquable, c'est qu'on la trouve de la même manière sur le revers de la même montagne qui fait face à la ville d'*Embrun*.

A une très-petite distance du chemin qui

conduit de *Barcelonette* à *Allos*, au quartier
de la *Malune*, commune d'*Uvernet*, on trouve
une mine de plomb; elle est contenue dans une
montagne calcaire, et la chaux fluatée sert de
gangue au métal qui est en lames plates. La
superficie seule a été exploitée, et il paroît que
le plomb est de bonne qualité; la seule inspection des lieux prouve qu'il y est en grande abondance, et que le filon traverse la montagne,
puisqu'il se montre à la même hauteur sur le
revers opposé. L'aspérité des lieux, l'impossi-
bilité d'y travailler pendant sept mois de l'année, la difficulté des communications, et enfin
la rareté du bois, rendroient sans doute cette
mine très-difficile à exploiter; mais ce dernier
obstacle, le plus important de tous, ne seroit
peut-être pas insurmontable, si on savoit mettre
à profit les mines de charbon de terre qui se
trouvent dans ces contrées.

Quelques indices de fer se montrent aux environs d'*Ubaye*, au pied du *Mourgon*; mais les
prétendues richesses minéralogiques de ce petit
village disparoissent toutes devant les moindres
recherches. On assure qu'il y a aussi du fer à
un quart de lieue de *Barcelonette*, au quartier
dit de *la Ferrière*; on ajoute même que cette
mine fut exploitée par les Sarrasins : jamais on
n'a cherché à s'assurer de l'existence de ce

métal, dont la découverte et l'exploitation pro-
duiroient de si grands avantages.

Les mines de charbon de terre dont je viens
de parler, sont en effet fréquentes et abondantes ; on en voit une très-bonne au hameau
de *Meyronnes*, près *Saint-Ours*, et elles se
prolongent jusques vers *Fouillouse*, dans la
partie opposée ; mais l'exploitation en seroit
difficile. D'autres indices se font remarquer à
la Bréoule, dans le vallon de *Gaudissar*, à
une demi-lieue de *Barcelonette*; aux environs
de *Fours*, vers la montagne de *Cailloles*; sur
la route de *Tournoux*, près le village de *Mélezen*, au lieu dit *Serènes*; dans la paroisse de
Laverc, et dans une infinité d'autres endroits.

L'utilité de ce fossile pour l'exploitation des
mines voisines, se démontre d'elle-même ; mais
elle acquiert un nouveau degré, si l'on considère que le bois devient de plus en plus rare
par suite des dévastations des forêts ou des défrichemens ; et que cette denrée est doublement
de première nécessité dans un pays froid,
qui, ne pouvant espérer aucun secours de ses
voisins sous ce rapport, doit surtout tendre à
se suffire à lui-même.

Les morceaux de marbre blanc, noir, rouge,
qui se trouvent dans les torrens, ne permettent
pas de douter qu'il n'y en ait des carrières dans

l'intérieur des montagnes ; mais la fortune et le luxe sont trop peu répandus dans ce pays, pour qu'on ait fait la moindre recherche.

On trouve dans le territoire de *Saint-Paul*, quelques blocs d'une pierre siliceuse, extrêmement fine, qui ressemble beaucoup au jaspe veiné. Il y a même lieu de penser que cette substance deviendroit plus belle à mesure qu'on pénétreroit dans la carrière ; mais tout cela demeure enfoui.

Les torrens, et par conséquent la rivière d'*Ubaye* qui les reçoit tous, roulent, dit-on, des marcassites d'or et d'argent : mais je n'ai pu en découvrir ni m'en procurer aucune ; et même les personnes instruites que j'ai consultées, m'ont dit que c'étoient des pyrites de cuivre et de plomb, détachées des mines sur lesquelles passent les eaux.

Dans une organisation généralement calcaire, les pierres propres à faire la chaux doivent être extrêmement communes; et elles le sont en effet : il en est de même du sulfate de chaux ou gypse dont on fait le plâtre ; mais il n'est pas de bonne qualité.

L'ardoise existe à une demi-lieue de *Jauziers*, dans une vallée qui fait face au village ; et sur la montagne des *Orres*, à une hauteur moyenne, dans la direction du village de

Lauzet; mais on a craint de hazarder les frais d'une exploitation, crainte de ne pas la trouver avantageuse; car cette substance qui seroit si convenable pour la couverture des maisons, ne s'emploie guères que par des personnes riches ; et il n'en est pas dans la vallée, ni même dans les environs: ce qu'il y a de certain, c'est qué cette ardoise est très-bonne, et de nature à être très-recherchée.

On trouve fréquemment des coquilles pétrifiées, même sur les plus hautes montagnes ; mais elles n'ont, ni dans la forme ni dans l'espèce, rien qui doive les faire remarquer.

Il n'y a pas de *marne* proprement dite dans la vallée ; néanmoins, on peut en soupçonner aux environs du village de *Faucon,* à une très-grande profondeur. Au reste, l'argile est, en général, chargée de particules marneuses ; et vous vous rappellerez ce que j'en ai dit dans la huitième lettre, en traitant de la nécessité d'effondrer les terres.

Quelques personnes ont parlé d'une fabrication d'alun, qui se fait dans la vallée; et on pourroit en conjecturer que c'étoit aussi en effet une branche d'industrie: elle pourroit devenir intéressante, si elle étoit encouragée, puisque les premiers élémens existent; mais, en ce moment, elle ne peut être considérée que comme une expérience faite par quelques personnes instruites.

Voici à quoi elle se réduit : dans le lit d'un torrent
qui passe auprès du village de *Saint-Pons*, à une
demi-lieue de la ville , on voit une terre schis-
teuse, d'une couleur noirâtre ; il s'y forme ,
pendant l'été , une espèce d'efflorescence semblable à du sel en poudre. On la ramasse; on
en fait dissoudre une assez grande quantité dans
de l'eau ; et on la fait enfin évaporer au soleil ,
jusqu'à ce que ce sel ait pris quelque consistance. La substance qui résulte de cette opération si simple , est de l'alun très-pur.

LETTRE XII.

Les animaux domestiques qu'on élève dans la vallée, sont, en général, les mêmes que ceux qu'on rencontre dans le reste de la *Haute-Provence*. Les chevaux, les mulets, les ânes, sont d'une petite stature, mais plus forts et plus vigoureux ; les habitans des villages de l'*Arche* et de *Meyronnes* ont formé des espèces de haras qui fournissent toutes les contrées environnantes : ils vont pour améliorer les races, chercher des étalons jusques dans le Poitou, et font des profits considérables sur ces utiles spéculations.

Le jumar est commun dans ce pays ; et on l'apprécie beaucoup, parce qu'il réunit la force du bœuf à la patience et à la sobriété de l'âne : il naît de l'accouplement du taureau et de l'ânesse qu'on enferme la nuit dans la même étable ; c'est ce que l'expérience atteste tous les jours.

Le loup commun est très-répandu dans les montagnes où il est attiré par les troupeaux qui y sont stationnés : jamais il n'attaque l'homme, que quand il y est forcé par la faim ; et dans ce

cas, aucun péril n'arrête ces animaux; ils traversent les torrens, la neige, les glaces, et
viennent la nuit hurler jusques aux portes des
étables; on ne peut se faire une idée de toutes
les ruses qu'ils emploient pour s'emparer des
brebis, en mettant en défaut la vigilance des
hommes et des chiens.

Il n'y a ni ours ni sangliers; ceux qu'on
prétend y avoir vus, et notamment l'ours qui
fut tué en 1776 dans la forêt de *Saint-Vincent*,
y étoient venus du pays voisin, en supposant
vraies les assertions qui ont été faites à ce sujet.

Le chamois habite les lieux les plus escarpés:
par sa taille et sa tournure, il ressemble beaucoup à la chèvre; on assure même qu'il existe
souvent des accouplemens entre ces animaux,
et qu'il en naît des métis : les bergers qui
veulent faire cette expérience, ont soin de
laisser leurs chèvres dans des lieux déserts et
escarpés; et leurs intentions sont quelque
fois réalisées.

Rien n'égale l'agilité du chamois; il franchit
avec audace les précipices les plus affreux, et
s'élance dans les rochers, quand il est poursuivi. Ses cornes longues, droites et munies
par le haut d'une espèce de crochet, lui
servent, dit-on, à se retenir aux arbres et aux
rochers, quand le passage lui paroît trop dan-

gereux. Il existe dans ces montagnes un préci-
pice affreux qui a une ouverture de dix à douze
mètres, et qu'on nomme le *Saut du Chamois*,
parce que cet animal le franchit d'un simple
élan, quand il est poursuivi par des chasseurs.
Les jeunes chamois ne sont pas très-sauvages :
dans les grands froids, ils cherchent à se rapprocher des habitations; ils se laissent prendre,
et on parvient même à les apprivoiser au point
de suivre les troupeaux; mais quand ils ont
pris un certain âge, rien ne peut les faire
dévier du caractère de leur espèce. Ils vivent
ordinairement en petites troupes, et le moindre
bruit leur fait prendre la fuite. Toutes ces
circonstances rendent leur chasse non-seule-
ment pénible, mais encore dangereuse; car
souvent les chamois s'élancent sur les chasseurs, quand ils en sont trop pressés, et ils
les entraînent dans les précipices : mais rien
n'arrête les habitans du pays qui sont ac-
coutumés à cette chasse. La chair du chamois
est bonne et estimée; et les chasseurs boivent
son sang, pendant qu'il est encore chaud,
prétendant que c'est un excellent résolutif,
très-utile à la santé. La peau de l'animal est
le principal but, comme il est le résultat le
plus avantageux de la chasse; on la porte dans
la ville voisine où elle se vend fort bien.

La marmotte semble avoir choisi son principal domicile dans ces montagnes ; et grâces
aux habitans de la *Savoie* et de la vallée de
Barcelonette, ce petit quadrupède est connu
dans toutes les parties de la France.

Il se creuse dans les lieux élevés une demeure souterraine d'une forme semblable à celle
d'un *Y*; une des branches sert d'entrée, et
l'autre d'écoulement à ses excrémens. C'est
donc dans la partie inférieure qu'il se retire ;
et on prétend que rien n'est négligé pour que
cette habitation réunisse toutes les commodités
possibles. Il aide et est réciproquement aidé
dans ses constructions et ses approvisionnemens;
on va même jusqu'à lui accorder une intelligence qui approcheroit de celle du castor ; car
on prétend que dans le moment des travaux ,
une des marmottes se met sur le dos, qu'on
la charge de foin, de mousse ou d'autres provisions, et que les autres la traînent en guise
de charrette : mais ce fait, qu'on établit surtout
sur ce que le dos de ces animaux est ordinairement dépouillé de ses poils, paroît difficile à
prouver, et même à concilier avec le caractère lourd de la marmotte. On pourroit
d'ailleurs expliquer cette singularité par la
nature même de ses habitations dans des lieux
étroits et souterrains.

Aux approches de l'hiver ; ces animaux bouchent les entrées de leur retraite, et y demeurent engourdis sans boire ni manger : mais on ne les laisse pas long-temps tranquilles ; car, dès les premiers froids, la chasse commence, et la terre n'étant pas encore couverte de neige, il est plus aisé de reconnoître leur trou : en suivant la direction qu'indique la forme de leur habitation, on ne manque pas de les trouver ; elles sont presque toujours au nombre de deux, et se tiennent étroitement embrassées, pendant tout le temps que dure leur sommeil ; le reste de l'année, elles se nourrissent de racines.

Les montagnards laissent ordinairement les vieilles pour la reproduction de l'espèce, et emportent les jeunes qu'on réveille, en les tenant dans un état de chaleur progressivement modéré. Cet animal, quoique naturellement lourd et stupide, s'apprivoise aisément, et reçoit même une sorte d'éducation. Dès qu'il sait danser autour d'un bâton, on l'enferme dans une boîte, et on va le promener dans toutes les parties de la France, où sa figure grotesque, ses sauts lourds et les merveilles qu'on raconte de lui, font les délices des enfans, des servantes qui les gardent et de tous les désœuvrés ; quelquefois même on lui fait

l'honneur de l'appeler dans les sallons où sa
danse sert d'intermède à la lanterne magique ;
et c'est alors surtout que le petit garçon chargé
de la marmotte, redouble d'efforts pour plaire
aux spectateurs. Une chose digne de remarque, c'est que dans cet état de servitude, les
marmottes ne sont jamais engourdies pendant
l'hiver, quel que soit le froid qu'on éprouve;
ce n'est que sur les montagnes, dans leur pays
natal, qu'elles conservent ce caractère dis-
tinctif de leur espèce.

Quelques habitans du pays mangent volontiers
la chair des marmottes, surtout au moment où
on les prend et où elles sont très-grasses. On
fait de leur graisse une sorte d'huile dont on se
sert pour les lampes ; mais son principal et
plus utile usage est de soulager les douleurs
rhumatismales : on emploie cette huile en
frictions sur la partie souffrante ; et on la dit
tellement insinuante, qu'elle traverse en peu
d'instans le cuir le plus compact et le plus épais.
Sous ce rapport, cette substance mériteroit
d'être plus connue ; et il n'est pas douteux que
son usage ne fût avantageusement appliqué à la
médecine et aux arts.

On rencontre fréquemment des lièvres blancs ;
et l'opinion généralement répandue est qu'ils ne
le sont que pendant la saison du froid ; c'est-

à-dire, depuis le commencement de novembre
jusqu'à la mi-mai. M. Darluc prétend qu'ils
sont naturellement blancs ; et je serois de cet
avis, d'après les observations que j'ai eu occasion de faire sur un de ces animaux qui me fut
présenté : il étoit d'une blancheur éblouissante,
et les poils que j'examinai avec soin, avoient
cette couleur depuis l'origine jusqu'à l'extrémité, sans aucune nuance. Les lièvres blancs
sont plus gros que les autres ; mais leur chair
est plus sèche, plus compacte, et n'est point
aussi délicate.

Je vis dans la même occasion des perdrix
blanches ; et il ne falloit rien moins que cette
vue pour vaincre mon incrédulité. Leurs plumes sont constamment blanches ; le bec est
rouge ; les yeux couleur de feu ; et les pattes
sont garnies d'un duvet blanc. Ces perdrix se
tiennent au sommet des plus hautes montagnes,
et sont difficiles à approcher : du reste, elles
sont très-bonnes, et doivent même être préfé-
rées aux autres espèces. Celle-ci est désignée
sous le nom de *perdrix Lagopède*, et elle n'a
rien de commun avec la *Bartavelle*, qui blan-
chit pendant l'hiver.

Sur les hauteurs les plus escarpées, on aperçoit le coq de bruyère ; mais on ne l'approche
que difficilement.

Un des oiseaux les plus communs dans la

vallée , est une espèce de grive très-grosse ,
qu'on désigne particulièrement sous le nom de
tourdre. Sa chair est plus noire que celle de la
grive ordinaire ; et le genièvre dont elle se
nourrit habituellement , lui donne un goût
amer et tout particulier.

Outre les oiseaux dont je viens de faire une
mention spéciale, on trouve encore dans cette
contrée une grande quantité d'oiseaux de proie
de jour et de nuit : le milan, le duc , le faucon,
la buse , l'épervier , la pie-grièche , le chat-
huant, y exercent un brigandage continuel sur
les volatiles plus foibles : mais le plus redoutable
ennemi contre lequel ils ont à se prémunir , est
l'aigle , dont la vue perçante découvre toute
espèce de gibier ; et le chasseur qui voudroit le
lui disputer , ou approcher de son aire , s'ex-
poseroit à être fortement maltraité par les serres
ou les coups de bec de ce redoutable adversaire.

Je terminerai cette lettre en vous faisant
remarquer qu'il existe encore dans la vallée un
oiseau assez singulier ; c'est une espèce de
pinçon qui se distingue par le croisement de
son bec : il se sert de cette conformation pour
briser les pommes du pin et du melèze , et
dévorer le semence qui s'y trouve renfermée (1).

(1) C'est le *Loxia curvi-rostra* de Linné ; le Bec-croisé
des ornithologistes français.

LETTRE XIII.

LETTRE XIII.

La vallée de *Barcelonette* se divise en deux parties, désignées sous les noms de *châteaux-hauts* et *châteaux-bas*; je vous ai fait connoître en grande partie la seconde, qui comprenoit les communautés de *Barcelonette*, de *Revel*, de *Méolan* et du *Lauzet*; Allos mérite une excursion particulière. Aujourdhui, vous aurez à nous suivre dans les *châteaux-hauts*, qu'on nomme aussi *val-des-monts*. — A peu de distance de la ville, et presque sur la route, se trouve le village de *Faucon*, dont la situation est assez agréable. La tradition y a conservé le souvenir d'un ancien couvent de bénédictins, dont les bâtimens devoient être considérables, à en juger par les restes qu'on en a découverts dans des fouilles assez profondes, qui mirent en évidence d'immenses fondations, et même quelques ornemens d'architecture gothique. L'ancienne tour dite *du prieuré*, qui subsiste encore, et est d'une construction assez remarquable, faisoit sans doute partie de ce monastère. On

7

ignore l'époque de son établissement ; mais
on s'accorde à penser qu'il fut la demeure des
premiers moines qui vinrent s'établir dans la
vallée , et en opérer le défrichement : on n'est
pas plus instruit sur les circonstances qui firent
de ce monastère un prieuré régulier ; mais on
sait qu'il fut sécularisé en 1767, par arrêt du
parlement de Provence.

Il y avoit aussi à *Faucon* une maison de
trinitaires ou *mathurins* qui , lors de leur fête
votive , accordoient un plat d'étain ou un
chapeau à celui qui demeuroit vainqueur à la
course et au jeu de quilles. *Saint Jean de Matha*
étoit honoré dans leur église ; et on prétend
que ce personnage, fils d'un seigneur de *Faucon,*
y étoit né en 1160, dans un château dont on
voit encore quelques vestiges. On sait que ce
saint s'occupa particulièrement des captifs; qu'il
fonda , avec le fameux hermite *Félix* de Valois,
et sous l'approbation du pape Innocent III, un
ordre consacré à la rédemption des captifs, et
qu'il fit enfin lui-même un voyage en Barbarie , pour racheter un grand nombre de ces
infortunés.

On trouve à une demi-lieue de *Faucon* , le
village de *Jausiers* , le plus riant de la vallée,
et qui compte 1660 habitans : dans cette partie,
elle est assez large, et forme une plaine couverte

de jardins, de vergers, et de prairies arrosées
par l'*Ubaye*. Plusieurs habitations et un hameau
assez considérable viennent encore décorer
le païsage et attester le bien-être des habitans.
Le village est composé de maisons assez bien
bâties, couvertes pour la plupart en ardoise, et
communiquant entr'elles par des arcades qui
bordent les rues. Il y avoit, il y a quelques
années, un moulin à devider la soie, qui y
occupoit un grand nombre de bras. Les matières
premières se tiroient de Turin ; quelques particuliers commençoient à cultiver dans des lieux
abrités les mûriers qui devoient fournir la
nourriture des vers à soie : mais ce genre d'industrie n'a pu survivre aux circonstances qui
ont pesé sur ces établissemens. En tout, les
habitans de *Jausiers* sont les plus industrieux
de la contrée : pendant l'émigration, ils se
livrent au commerce ; et, revenus chez eux,
ils y continuent leurs spéculations, cultivent
leurs champs avec grand soin, et construisent
des ouvrages pour garantir leurs terres et leurs
maisons des débordemens de l'*Ubaye*, qui les
menace sans cesse.

L'église paroissiale est moderne et assez jolie ;
elle n'a d'autre clocher que celui qui servoit à
l'ancienne église, et qui, laissé tout seul sur
un rocher escarpé, à une certaine distance,

orne le tableau d'une fabrique assez pittoresque.
On voit, tout auprès, une petite redoute construite pendant la guerre qui précéda le traité
d'Utrecht. La tradition a conservé le souvenir
d'un château qui existoit sur la rive gauche de
l'*Ubaye* : on prétend que, le seigneur ayant
voulu exiger sur ses vassaux le droit de *mar-
quette*, ceux - ci l'assassinèrent ainsi que sa
famille, et détruisirent son habitation de fond
en comble.

Après avoir passé le pont d'*Ubaye*, nous
suivions la route qu'occupe un espace assez
étroit entre la rivière et la colline, et nous
remarquions que le schiste en forme la base,
mais qu'il laisse percer plusieurs rochers calcaires traversés par des bandes de quartz : nous
observions, par intervalles, d'énormes blocs
de gypse de diverses couleurs, lorsque nous
fumes tout-à-coup assaillis d'une grêle de pierres
qui rouloient de la montagne avec une force
extraordinaire. Le seul parti à prendre étoit
de nous dérober par une prompte fuite à ce
danger inattendu ; et, tout en courant, nous
nous demandions à quoi pouvoit tenir une
réception si peu hospitalière. Ce ne fut que
lorsque les pierres eurent cessé de tomber,
que, voulant nous retourner pour connoître
les adversaires qui abusoient ainsi de l'avantage

de leur position élevée, nous reconnumes que c'étoit à la marche d'un troupeau de chèvres, que nous devions attribuer cette petite mésaventure. Ces animaux traversent quelquefois des terrains escarpés couverts de pierres ou cailloux de moyenne grandeur ; ceux qu'ils détachent, sont entraînés par la pente, et viennent, avec un redoublement de force, tomber jusque dans la partie la plus basse : souvent même les bergers qui les conduisent font diversion à leur vie monotone, en se donnant le passe-temps de détacher aussi des pierres, pour effrayer les voyageurs, sans se donner vraisemblablement la peine de penser qu'il pourroit en résulter quelque chose de plus que la peur. Je conseille aux personnes qui visiteront cette contrée, de faire ensorte de ne pas se trouver au - dessous des troupeaux de chèvres ; si elles s'y sont engagées sans pouvoir fuir, elles n'ont rien de mieux à faire que de se tapir contre les rochers qui forment la base des montagnes, afin que les pierres, dans leurs sauts successifs, franchissent le seul asyle que la prudence puisse indiquer.

Satisfaits d'avoir échappé à ce danger, et nous plaisantant réciproquement sur la peur que nous avions éprouvée, nous continuâmes notre marche, et nous arrivâmes au village *du*

Châtelard. Il se compose de cinquante maisons, environ, bâties sur un rocher, au centre duquel sont les ruines d'un vieux château. La vallée devenant très-étroite dans cette partie et ne consistant guère que dans l'espace occupé par la rivière et le chemin qui la cotoie, on conçoit que la position *du Châtelard* devoit être importante, comme poste militaire ; aussi y a-t-il eu garnison vers la fin du 17.ᵉ siècle, époque, où par suite des vicissitudes politiques qui ont pesé sur ce pays, cette antique forteresse fut démolie.

En passant *au Châtelard*, nous nous rappelâmes la famille que nous avions rencontrée dès nos premiers pas dans la vallée, et les renseignemens que nous recueillimes sur son compte, nous inspirèrent pour elle un nouveau degré d'intérèt et même d'estime. On nous dit que le chef existoit, et nous ne resistâmes pas au désir de le voir ; c'étoit un vieillard de quatre-vingt-dix ans, frais, vigoureux et n'ayant aucune des infirmités de son âge ; jamais il n'avoit été malade ; mais aussi il avoit toujours mené une vie sobre, active et occupée : au moment où nous le vîmes, il s'occupoit à la culture de son petit jardin ; dans son intérieur, il trouvoit toujours quelque chose à faire ; et pendant les longues soirées d'hiver, il s'amusoit

à faire des bas ou à dévider de la laine, tandis
que l'un de ses petits enfans le récompensoit
des soins qu'il s'étoit donnés pour lui apprendre
à lire, en lui faisant quelques lectures pieuses. Cet
homme vénérable étoit beaucoup plus instruit
qu'on n'auroit pu le présumer : il savoit lire,
écrire et compter; il savoit un peu de latin;
et même il auroit pu, au besoin, rédiger
une citation devant le juge de paix; il parloit
très-bien français; et comme, pendant plus de
cinquante ans de sa vie, il avoit suivi la coutume de ses compatriotes qui quittent leurs
foyers pendant l'hiver, il avoit voyagé dans
presque toutes les parties de l'Europe : de sorte
que sa conversation étoit intéressante; et nous
fûmes souvent surpris de l'entendre faire sur
tout ce qu'il avoit vu, les réflexions les plus
judicieuses. Il avoit eu douze enfans qui s'étoient
tous mariés, et lui avoient donné un grand
nombre de petits-enfans. Une de ses filles,
veuve, étoit venue demeurer avec lui, pour
prendre soin de sa vieillesse; les autres fils ou
gendres qui avoient presque tous leur domicile
aux environs du *Châtelard*, venoient lui rendre
leurs devoirs à leur retour de leurs courses; et
chacun lui amenoit ses enfans, dans les grandes
occasions, telles que les événemens de famille
et les fêtes solennelles de l'année : tous venoient

le consulter sur leurs affaires, et suivoient stric-
tement les conseils qu'il vouloit bien donner.
Nous apprîmes même avec plaisir, que ces
visites étoient toujours accompagnées de quelques présens ; que tous à l'envi s'empressoient
de lui être agréables, en apportant des fruits,
des légumes, du gibier, de petites provisions
de toute espèce, et que même certains venoient
partager avec lui les économies faites pendant
l'émigration. La portion de la famille que nous
avions trouvée au *Lauzet*, nous avoit inspiré
trop d'intérêt pour que nous la crussions en
arrière envers le patriarche : nous lui parlâmes
de notre rencontre ; et le plaisir avec lequel il
nous entendit et répondit à nos questions, ne
nous laissa pas le moindre doute (1).

_____

(1) Le fameux Annibal Camoux, qui mourut à Marseille en 1759, âgé de 122 ans, étoit né à *Barcelonette*. On
attribue sa longue vie à la sagesse, à la frugalité, à la mo-
dération qu'il montra toujours dans le cours d'une vie très-
active. On remarque qu'il mâchoit toujours un morceau
d'angélique.

LETTRE XIV.

Ces exemples de longévité, de vertus patriar-
chales, ne sont pas rares dans la vallée; et j'ai
cru en mettant sous vos yeux quelques détails
sur une famille en particulier, vous donner une
idée plus précise de ce qui se passe dans plusieurs autres, sans que personne se donne la
peine de le remarquer. Quant à nous, nous ne
pûmes nous défendre d'un sentiment profond,
en voyant plusieurs générations obéissant ainsi
à un chef vénérable, et annonçant elles-mêmes
un grand nombre d'individus estimables. Vous
le partagerez, sans doute, ce sentiment, vous
qui avez si tendrement aimé votre père, et
qui êtes à votre tour si tendrement aimé de vos
enfans : et nous aussi, nous avions un tendre
père, quand nous offrions nos hommages au
vénérable de la vallée de *Barcelonette !....* et
nous ne pouvons plus lui consacrer le tribut de
nos sentimens qu'il auroit été si doux de con-
signer ici !!! Il fallut cependant quitter cette
station et reprendre notre route : le hameau de
la *Condamine*, dépendant du *Châtelard*, se

présenta bientôt à nous , et mérita quelque
attention de notre part , parce qu'il est assez
bien bâti , que ses maisons, couvertes en ardoise et ayant toutes un escalier saillant, ont une
sorte d'apparence; parce qu'enfin plusieurs moulins, qui font mouvoir les eaux du *Parpaillon*,
donnent à cette habitation un air de vie et d'industrie qu'on aime surtout à voir dans les
montagnes.

Comme nous voulions visiter les communes
de *Meyronnes* et de *Larche* , nous passâmes
l'*Ubaye* vis-à-vis le hameau de *Gleisoles*, et nous
commençâmes à côtoyer la petite *Ubaye* ou
Ubayette, qui forme un embranchement à la
vallée principale. Une petite redoute, désor-
mais inutile, garde ce poste qui ne laissoit pas
d'être important. Tout le terrein , depuis
Jausiers, est schisteux et offre diverses carrières
d'ardoises ; il en est qui brûlent comme du
charbon de terre, parce qu'il s'y est mêlé quelques portions du bitume qui est au-dessous :
d'autres carrières servent à la couverture des
maisons : mais l'exploitation en est assez difficile
et même dangereuse dans certaines positions.

Meyronnes a cinq cent cinquante habitans ,
dont la principale industrie est d'aller chercher
chaque année , jusques dans le *Poitou* , de
jeunes mulets qu'ils élèvent ensuite dans leur

pays, pour les vendre aux foires. Comme ce genre de commerce est lucratif, il entretient dans une certaine aisance ceux qui s'y livrent et même les lieux qu'ils habitent. *Meyronnes*, quoique très-exposé au froid, jouit d'une température très-saine, et on est surpris de l'air de force et de santé qui distingue ses habitans. Auprès, se trouve le hameau de *Saint-Ours*, renommé par l'existence d'une belle mine de charbon de terre, qui seroit vraisemblablement utile, sans la difficulté de l'exploitation.

La vallée qui conduit à *Larche* est large ; et la communication a lieu par un chemin construit en 1744, pour assurer aux troupes françaises le passage en Piémont : à moitié chemin, se trouve un hameau nommé *Certamusat*. On prétend que cette étymologie, qui remonte très-haut, a son origine dans le souvenir de deux armées qui, après une longue guerre, convinrent dans ce lieu de certaines conditions de paix et les proclamèrent, en s'écriant : Nous avons assez combattu, *certavimus sat ;* d'où l'on a fait, par une contraction assez fréquente, *Certamusat.*

Larche étoit, jadis, un des villages les plus considérables de la vallée : il compte aujourd'hui 850 habitans, généralement forts et vigou-

reux, et tirant de grands bénéfices du com=
merce des mulets, qu'ils font concurremment
avec leurs voisins de *Meyronnes*. Les relations
et les voyages que nécessite ce genre d'industrie, ont introduit dans ce village une sorte
d'urbanité qui le distingue avec avantage.
Les étrangers l'éprouvent encore plus particulièrement lorsqu'ils se trouvent au *Roumeirage*,
la fête votive qui a lieu le 22 juillet, jour
auquel se célèbre la fête de Sainte-Magdeleine.

Rien de plus piquant que les danses et les
courses de jeunes gens de l'un et de l'autre
sexe, se disputant un prix donné à celui qui, en
trois sauts, a parcouru l'espace le plus grand;
on consacre à ces exercices gymnastiques,
pour les garçons, des champs en pente nou-
vellement labourés, et pour les filles, de
belles prairies décorées par ces belles fleurs,
que partout ailleurs on cultive avec soin, mais
qui, dans ces montagnes, naissent naturellement et deviennent magnifiques, sans aucun
secours de l'art. Un site pittoresque, de belles
montagnes, des eaux limpides et jaillissantes
de toutes parts, l'air le plus pur, une végétation magnifique, une population industrieuse,
aisée, brillante de santé, et se livrant aux
plaisirs simples et vrais qui conviennent à
leurs mœurs et à leurs habitudes : tel est le

spectacle que présente un joli village de la vallée pendant l'été, à l'époque de ces fêtes votives, après lesquelles on a soupiré pendant une année toute entière ; et il faut convenir qu'il a de quoi dédommager le voyageur de toutes les fatigues de la course.

Larche est situé sur une hauteur qui domine une plaine assez vaste : c'est la dernière commune de l'ancienne France ; et ce point étoit autrefois défendu par un petit château carré, dont on découvre à peine quelques ruines. En 1793, pendant la guerre entre la France et le roi de Sardaigne, *Larche* et *Meyronnes* furent occupés par les troupes piémontaises; mais leur séjour y fut assez court, et n'a laissé aucune trace des désastres qu'entraîne la guerre.

La montagne de *Larche*, si renommée pour les pâturages, offre en effet un espace immense, dont les points les plus élevés, qui sont eux-mêmes surmontés de nouvelles collines, sont couverts d'une pelouse composée du gazon le plus fin, au milieu duquel se distinguent des plantes curieuses. Dans une autre lettre, je vous parlerai de ces richesses botaniques ; aujourd'hui, je me bornerai à vous dire que rien n'égale l'intérêt qu'inspirent ces lieux, où l'on se croit transporté dans un monde nouveau.

Le lac de la *Magdelaine*, peu distant du col du même nom, qui sert de communication avec le Piémont, n'est guère qu'à une petite demi-lieue à l'est de Larche. Ses eaux, élevées à environ 2200 mètres (1100 toises) au-dessus du niveau de la mer, n'occupent guère qu'une surface circulaire d'environ cent toises en dia-mètre. Le lac est entouré de hauteurs, et n'est alimenté que par quelques petites sources, les eaux du ciel et la fonte des neiges : des gre-nouilles sont les seuls animaux qu'on y trouve. A une distance de près de 500 toises de chaque côté, jaillissent deux sources qui en sont évi-demment une émanation : l'une, celle de l'est, forme la rivière de la *Stura*, qui coule dans le Piémont; et l'autre donne naissance à l'*Ubayette*. Ainsi, le lac de la *Magdelaine* envoie une partie de ses eaux dans le *Rhône*, et de-là dans la Méditerranée ; et l'autre, dans l'*Adriatique* par le *Pô*. C'est par le col de la *Magdelaine* (*mons lictius* des anciens), que *Bayard* fit passer du canon sous François Ier ; et cet exemple a été souvent suivi dans nos guerres avec l'Italie: mais le chemin a été élargi et réparé.

Le lac de *Lausanier*, qui est à peu de dis-tance du précédent, et à une hauteur plus con-sidérable de 200 toises, peut avoir une cir-conférence d'un quart de lieue environ. Ses éaux sont vives ; et on y pêche d'excellentes truites, dont la peau est ferme et tachetée de noir. Tout autour du lac, sont les plus belles prairies qui existent dans les montagnes ; aussi sont-elles recherchées de préférence par les propriétaires de troupeaux. On découvre, de ce point, une des plus magnifiques vues qu'on puisse concevoir : au nord, toutes les montagnes des hautes *Alpes* et de la *Savoie* se dessinant en amphithéâtre, et se faisant distinguer par leurs sommets couverts de neiges ou de glaces ; à l'est, le *Piémont*, dont les plaines riches et fertiles sont pressenties, parce que les montagnes vont en s'abaissant, et laissent apercevoir le *Mont viso*, qui domine sur toute la contrée : on croit même voir l'horizon couronné par le sommet du grand *Saint-Bernard*, qui rappelle tant de souvenirs....... A l'ouest, toute la haute *Provence* et les vallées qui la composent ; enfin, au sud, toutes les basses *Alpes*, les *Alpes maritimes* et leurs ramifications inférieures jusques à la mer qu'on aperçoit très-distinctement à l'extrémité de l'horizon, quand le ciel est pur, quoique l'œil ait à parcourir une distance de quinze à vingt lieues moyennes.

LETTRE XV.

Quand on se trouve sur la montagne de Larche, et qu'on aime la botanique, il est difficile de ne pas donner quelques momens à la recherche des plantes curieuses qui naissent au milieu de ces belles prairies naturelles dont je ne puis me lasser de parler.

Peu d'années auparavant, j'avois fait un cours de botanique à Paris, sous le savant M. *Desfontaines* ; nous avions avec nous l'ouvrage de M. *Darluc* et quelques nomenclatures élémentaires ; nous pouvions enfin recueillir des renseignemens utiles dans les conversations des personnes instruites qu'on rencontre sur ces montagnes. Je puis donc vous offrir quelques résultats curieux ; et je les consigne ici, bien plus pour rendre complète ma description de la vallée de *Barcelonette*, que dans l'espérance de vous intéresser..... La botanique, cette science chère aux ames sensibles, est bien plus attachante dans la pratique, que dans une aride nomenclature ; et il n'est pas de livre qui puisse

rendre

rendre ce qu'on éprouve , sur les montagnes principalement, à la vue d'une des plus simples productions de la nature.

Rien de plus beau que les prairies *Alpines*, quand le printemps arrive : on voit poindre, mûrir, se former et se succéder, les *anémones*, les *renoncules*, les *lys*, les *orchidées*, les *fritillaires*, et une foule d'autres plantes qui ornent nos parterres à force de soins , et qui croissent ici sans culture.

Parmi les plantes utiles à la médecine, à la pharmacie ou aux arts , nous distinguerons les suivantes ; et nous les rangerons par ordre alphabétique et par leurs noms vulgaires, parce que cette méthode nous dispense de faire un choix parmi les différentes classifications reçues, et qu'elle favorise le peu d'habitude que j'ai de m'occuper de botanique.

L'absinthe des Alpes: armoise des glaciers, genipi : arthemisia glacialis. On la considère , dans le pays , comme propre à détruire les fièvres , à faire mourir les vers , à fortifier l'estomac et à calmer les coliques. C'est , selon les habitans de *Barcelonette* , un spécifique universel. Cette opinion tiendroit-elle sur-tout à la difficulté qu'on éprouve de se le

8

procurer ? Il ne croît que sur les points les plus escarpés de la montagne de *Larche.*

L'arbousier bousserole, raisin d'ours : arbustus uva ursi. Cet arbuste est abondant sur les *Pyrénées* beaucoup plus que sur les *Alpes.* Ses feuilles ont été vantées comme un puissant diurétique : on s'étoit même flatté de trouver en elles la possibilité de dissoudre le calcul humain ; mais les expériences faites à ce sujet à l'école de Montpellier, ont prouvé que, si, dans quelques cas particuliers, elles pouvoient adoucir les douleurs de la pierre ou de la gravelle, on ne devoit en général les employer qu'avec les plus grands ménagemens.

La *cacalie des Alpes : cacalia Alpina.* Le nom vulgaire qu'on lui donne, convient exclusivement au tussilage : cette plante s'en rapproche beaucoup par ses propriétés , et elle est particulière aux montagnes *Alpines.*

Le *carvi, seseli carvi : carum carvi* (Linné). Ses racines passent pour être incisives , diurétiques , et surtout stomachiques.

La *conise : conisa squarrosa.* Cette plante a des fleurs jaunes ; et elle exhale une odeur forte et désagréable, surtout quand on la frotte. On la nomme quelquefois *l'herbe aux mouches,* parce que ses émanations font mourir ces insec-

tes. On met aussi ses fleurs en décoction pour
déterger les ulcères.

L'herbe de *saint Christophe : actea spicata.*
Cette plante est vénéneuse ; mais ses baies sont
très-utiles pour la teinture en noir.

Diverses espèces de *dentaires,* qui toutes se
trouvent sur les montagnes de *Barcelonette* , et
sont extrêmement jolies.

Le *doronic plantaginé : doronicum planta-*
gineum. Plusieurs médecins ont attribué à cette
plante les vertus les plus remarquables : on la
cite comme utile dans les maladies de nerfs,
les engorgemens et les obstructions ; on l'emploie, dit-on, avec succès dans la paralysie,
les gouttes sereines : on la substitue au quina ,
dans les fièvres intermittentes ; mais ces expériences doivent être tentées avec les plus grandes
précautions ; car, dans plus d'une occasion ,
elles ont été suivies de funestes résultats. On se
rappelle avec attendrissement, surtout dans les
montagnes et au milieu des troupeaux, que le
Théocrite de la Suisse , le bon *Gessner* , faillit à
mourir, pour avoir mangé des racines du *doronic*
plantaginé.

L'*ellébore blanc : veratrum album.* Plante
très-commune dans les montagnes de *Larche* et
celles qui l'avoisinent : c'étoit un purgatif très-
familier aux anciens ; mais les trop grandes
précautions qu'il exige, et la découverte d'un

grand nombre d'autres remèdes, l'ont fait rejeter de la médecine moderne. Au reste, c'est à tort, que plusieurs auteurs et la plupart des apothicaires le rangent dans la classe des *ellébores* ; car il n'a avec eux que de très-foibles analogies.

L'*ellébore noir* : *helleborus niger*, ainsi nommé de sa racine, d'où partent des fibres noirâtres. Sa fleur est couleur de rose ; ce qui lui a fait donner aussi le nom de *Rose de Noël*, car elle fleurit en hiver. L'ellébore d'hiver est encore une autre espèce du même genre, qui porte des fleurs jaunes.

Le *fenouil* des montagnes : *athamenta meum.* Cette plante est assez rare ; sa racine a un goût très-agréable ; et quelques personnes l'ont employée en guise de carrotes. On la considère en médecine comme stomachique et céphalique ; la pharmacie l'emploie dans la composition de la thériaque et du mithridate. Quelques naturalistes pensent cependant, que c'est à tort qu'on la classe dans les genres des fenouils.

La *gravelle vulgaire* : *pinguicula vulgaris.* Cette plante passe pour vulnéraire et très-purgative : dans le nord, on l'emploie pour faire cailler le lait ; mais elle est un poison très-subtil pour les moutons et les bœufs.

L'*impératoire* : *imperatoria ostrolhium.* L'ombelle de ses fleurs est très-grande ; ce qui la fait nommer aussi la grande impératoire : on l'approprie en médecine aux mêmes usages que l'angélique.

L'*ivèche* : *ligusticum levisticum*. Cette plante est portée par divers botanistes, dans le genre des angéliques ; sa racine est très-aromatique et très-odoriférante.

Le *seneçon* blanchâtre, *genipi* jaune des montagnards : *senecio inanus*. Cette plante est *Alpine*; la variété qui croît sur les bords de la mer, acquiert plus de hauteur, et ses feuilles sont beaucoup plus découpées.

Le *neerprun* purgatif : *rhamnus carthaticus*. Ses baies sont drastiques, et fournissent une couleur connue sous le nom de *vert-de-vessie*.

L'*orchis* odorant : *orchis odoratissima*. Sa fleur de couleur cramoisi, exhale une odeur de vanille, et les bergers en portent des bouquets : sa racine a cinq doigts ; ce qui la fait nommer en patois : *Maneto*, *petite main*; c'est une plante assez curieuse.

Le *pied – de – chat* : *gnaphalium dioicum*. Elle est assez commune dans les *Alpes*, et est recommandée comme corroborant dans les maladies de poitrine : on l'emploie en infusion, et on compose avec sa fleur un sirop très-utile. Cette même fleur entre dans les vulnéraires suisses, et y porte des qualités balsamiques et astringentes.

La *quintefeuille*, ou *potentille droite : potentilla recta*. Toutes ses parties sont *vulnéraires, astringentes* et *vermifuges* : il y a dans ce genre la *potentille* fructiqueuse, qui est beaucoup plus curieuse que celle-ci.

Le *raisin de renard : paris quadrifolia ; parisette* à quatre feuilles. Sa racine est émétique, et son fruit passe pour être très-vénéneux.

La *reine des prés : spirea ulmaria*. On la distille pour en composer une eau qui est à la fois *vulnéraire*, *astringente*, *tonique* et *sudorifique*.

Le *rhododendron ferrugineux* ou *laurier-rose* des Alpes : *rhododendrum ferrugineum*. Cet arbuste a la verdure du buis , et porte des fleurs purpurines : on en connoît cependant une variété dont les fleurs sont blanches ; mais elle est très-rare. Ses feuilles se prennent en décoction pour les coliques venteuses.

Le *rosier pimprenelle : rosæ pimprinelli foliæ*. Ce rosier, qui est généralement couvert d'aiguillons, produit aussi une variété qui en est tout-à-fait dépourvue : on la trouve ici et en Alsace.

Le *sabot de Vénus : cypripedium calceolus.* C'est une jolie plante et très-rare en France , surtout dans les montagnes de moyenne hauteur. On est cependant parvenu à l'acclimater dans quelques jardins de la vallée. On la prise

beaucoup, parce qu'elle est une des premières
à se montrer, dès que la fonte des neiges
annonce le retour du printemps.

La *sanicle* des montagnes : *astrantia major*.
Cette plante, qui croît en abondance dans les
Pyrénées, les *Alpes*, les *Vosges* et le *Jura*,
est considérée comme l'un des vulnéraires les
plus efficaces.

Les *saxifrages*, dont les trente-neuf espèces
croissent dans toutes les montagnes que nous
visitons.

Les *scandis* : *scandis*. On en trouve d'innom-
brables espèces; mais la plus remarquable et la
plus particulière aux *Alpes moyennes*, est le
scandis australis.

Le *selin* des montagnes, *athamanta orcose-
linum* (1), dont les graines sont incisives,
carminatives, et employées avec succès pour
diviser les matières qui tapissent les parois de
l'estomac. C'est à tort qu'on le désigne quelquefois sous le nom impropre de *persil* des
montagnes.

Le *spirea*, *barbe de chèvre* : *spirea aruncus*.
Elle ressemble assez à la *reine des prés*; et
leurs qualités sont les mêmes à peu de chose
près.

_____

(1) On le nomme plus communément : *selinum orcoseli-
num*.

Le *talitron* à *feuilles d'ancolie* : *talitron aquilegi folium*. Cette plante est aussi connue sous le nom de *colombine plumacée*.

Les *thlaspis* de toutes les espèces ; particulièrement celui des rochers, des montagnes et des Alpes.

La *toque* des *glaciers* ou des *Alpes : scattellaria Alpina*. Sa fleur est charmante ; la lèvre supérieure est blanche et l'inférieure bleue ; elle est aromatique, et s'emploie dans la médecine et l'art vétérinaire, comme stomachique et vermifuge.

La *valériane : valeriana officinalis*. Elle passe pour être diurétique, sudorifique, anti-hystérique, anti-épileptique ; et elle est très-recherchée par les herboristes.

Je pourrois pousser beaucoup plus loin cette nomenclature si je n'avois eu uniquement l'intention de vous faire connoître, par leurs noms et leurs propriétés, les plantes qui méritent d'être remarquées ou recherchées. Leur station prouve que le voyageur s'est élevé de 15 à 1600 mètres au-dessus du niveau de la mer ; ce qui est parfaitement conforme aux expériences du baromètre.

LETTRE XVI.

Les herboristes de Lyon, de Marseille, et
d'un grand nombre de petites villes intermé-
diaires ; certains pharmaciens, jaloux de leur
réputation, viennent assez communément faire
leurs récoltes sur les montagnes qui bordent la
vallée de *Barcelonette*.

Il est curieux et intéressant de voir ces hommes laborieux et instruits, parcourir des lieux
agrestes, suivis d'un âne ou d'un mulet qui
porte leurs provisions et les plantes qu'ils ont
pu recueillir : leurs courses les mènent quelquefois loin des habitations ; et alors, ils parta-
gent le repas frugal et la modeste cabane du
berger qui garde son troupeau.

On trouve aussi, dans certains momens, des
associations formées par des personnes qui
n'appartiennent à aucun pays, et viennent sur
ces montagnes chercher les simples dont ils
composent ensuite des thériaques, des vulnéraires *suisses*, pour les vendre dans toutes les
parties de l'*Europe*. Dans les contrées qu'ils
parcourent, ils ont soin d'acheter aussi les dif-

férentes graines qui peuvent avoir de la réputation , et font de tous ces objets réunis
un commerce qui ne laisse pas d'être assez
lucratif.

Ces lieux sont encore animés par les labora-
toires ambulans des distillateurs, qui viennent
extraire le suc de certaines plantes ou de leurs
fleurs. On y fabrique les eaux de mélisse ou
de vertu ; mais les eaux de lavande ont la préférence , parce que cette fleur y est très-
abondante, d'une excellente qualité, et qu'on
en fait un grand usage dans les villes de la *Provence* ou du *Dauphiné.* Le spectacle de tous
ces petits établissemens , et la réunion de tous
ces particuliers qui, attirés ici par des motifs
et des intérêts divers, exploitent sans jalousie
et sans discussion, une terre assez riche pour
fournir à toutes leurs recherches , offre un
grand intérêt de plus à l'observateur. On trouve
un charme tout particulier à converser avec
eux ; et on est réciproquement disposé à la
cordialité par le plaisir de rencontrer des hommes dans des contrées presque sauvages, peut-
être aussi par la pensée que les passions de
nos villes n'ont plus d'influence sur nous, et
non moins enfin, par les dispositions morales
où nous jettent la pureté, la vivacité de l'air
et la beauté des sites.

Vous désirez, sans doute, que je vous fasse
connoître les arbres qui croissent sur les montagnes : je vous ai parlé plus haut, du mélèze,
qui nous avoit si fort intéressé dès notre entrée dans la vallée, et qu'une imprévoyance
trop commune parmi les hommes fait tellement négliger, qu'à peine s'occupe-t-on de
remplacer ceux qu'on coupe.

Les pins et les sapins sont les seuls arbres
qui forment les forêts ; il y en a de diverses
espèces ; mais toutes sont de bonne qualité :
leurs bois servent principalement au chauffage
et à la charpente ; mais ils tendent à s'épuiser,
par suite des défrichemens et des coupes multipliées auxquelles on se livre, sans que jamais
on pense à faire ni semis ni plantations.

Les *épiceas*, les *genevriers*, l'*airelle*, le *cy-
tise des Alpes*, les *lauriers-rose*, l'*amelanchier*
croissent aussi dans les parties moyennes des
montagnes ; mais il leur faut, en général, une
situation beaucoup plus favorable qu'aux bois
de haute-futaie. On sait que ceux-ci deviennent plus forts et plus beaux sur le revers sep-
tentrional des montagnes qu'on désigne sous le
nom de *Lubach*. Parmi les genevriers, il faut
remarquer une espèce toute particulière, dont
les feuilles ressemblent à celles du cyprès : on
la désigne en patois sous le nom de *chaix* ; les

grives ou *tourdres* sont très-avides de ce fruit,
et leur chair en prend une saveur très-agréable.

Les légumes et les herbes potagères sont, en
général, très-bons dans toute la vallée ; mais
ils sont exquis dans les parties les plus élevées:
les habitans qui y demeurent et même les
bergers qui viennent annuellement occuper le
même terrein, ont de petits jardins où ils
cultivent des pommes-de-terre, des oignons,
des choux, etc. Il est impossible de se faire
une idée juste du degré de supériorité qu'acquièrent ces végétaux en beauté et en qualité;
leur teinte extérieure est même d'un caractère
particulier, et tout se réunit pour les faire trouver excellens.

Ce pays tenant le milieu entre le climat
brûlant de la *Provence* et les régions glaciales
des *Hautes-Alpes*, il n'est pas étonnant que
toutes les plantes s'y développent de la manière
la plus marquée, et y acquièrent des vertus
spécifiques qui sont éloignées également des
deux points extrêmes.

Aussi sont-elles estimées et recherchées dans
toutes les contrées environnantes; et cette con-
sidération étoit seule de nature à vous faire
prendre quelqu'intérêt à tous les détails arides
auxquels j'ai été forcé de me livrer.

Tantôt traversant des vallons rians et ornés

de la pelouse la plus fraîche , tantôt perchés
sur d'arides rochers qui offroient à nos pieds
des précipices affreux , et de loin une vue
admirable par son étendue , nous nous étions
avancés jusques au col *Saint - Dalmas - le-
Sauvage*, où le *Var* et la *Tinea* prennent leur
source. Retourner sur nos pas, nous auroit fait
perdre un temps d'autant plus précieux, que
la saison étoit plus avancée ; et nous tenions à
visiter le lac d'*Allos*, qui offre un site et un
intérêt assez marquans pour mériter une attention particulière.

Nous nous trouvions dans le vallon de *Fours*.
Le centre est marqué par la rivière de *Bachelard*,
qui fournit l'eau nécessaire pour mettre en jeu
des moulins à farine , à foulons , à scie , et
d'autres petites usines. Le village de *Fours* a
une population d'environ 672 individus : on
remarque, que l'émigration y est encore plus
considérable que dans les autres communes de
la vallée ; et, dans le fait, elle comprend tous
les individus en état de marcher : de sorte qu'il
n'y demeure que les vieillards, les malades,
les femmes et les enfans en très-bas âge : les
hommes vont en *Flandre* et jusques en *Hol-
lande*, pour y travailler la terre , ou colporter
quelques marchandises. C'est sans doute cet
éloignement des hommes , qui, forçant les

femmes à s'occuper des travaux les plus pénibles, les rend d'une vigueur et d'une stature
extraordinaires. Les fardeaux les plus considérables ne les épouvantent pas ; et on cite
dans le pays des faits difficiles à croire : nubiles
très-tard, elles sont très-fécondes ; et il n'est
pas rare de les voir devenir mères à l'âge de
cinquante ans. Un fait digne de remarque,
c'est que les habitans de *Fours* se marient
presque exclusivement entr'eux ; et il n'est
pas d'exemple, qu'aucun ait cherché son épouse
dans les villages voisins.

Nous gravîmes à travers les rochers le col
d'*Entreulmo* ; et nous nous trouvâmes dans
l'espèce de bassin où s'est formé le lac d'*Allos*.
Il est enfermé et entouré, à une certaine distance et dans quelques points, de rochers qui
ont 50 ou 60 pieds de hauteur : il a un peu
moins d'une demi-lieue en carré ; et il faut
bien une heure et demie pour en faire le tour.

Comme il y a une petite barque qui sert aux
pêcheurs, on peut s'y promener ; et, en se
procurant le plaisir d'une course sur l'eau,
d'autant plus agréable qu'elle se fait dans des
lieux où on ne devoit guère s'y attendre, s'assurer de tous les faits qui peuvent servir à faire
connoître une chose vraiment remarquable. La
surface de l'eau est calme ; et, quoique le

peuple prétende qu'il y a au milieu une issue
dont les eaux s'échappent après avoir long-
temps tourbillonné, on peut aisément se con-
vaincre qu'il n'y a dans le lac que de petits
courans formés par les sources qui l'alimentent,
ou par les ouvertures qui donnent aux eaux
l'écoulement nécessaire. Sa profondeur est
presque partout de 33 à 36 pieds : on y pêche
d'excellentes truites, qui sont renommées dans
toute la contrée, et qu'on apprécie encore
mieux, quand on les mange sur les lieux, où
l'air est d'une extrême vivacité. Il en est qui
pèsent jusqu'à dix-huit livres : leur peau est
blanche et marquée de petites taches d'un rouge
verdâtre : elles sont un peu saumonées ; et leur
chair est plus foncée qu'on ne le remarque
dans cette espèce de poisson quand on le
pêche dans les rivières voisines. Pendant l'hiver,
la glace acquiert une épaisseur de trois à quatre
pieds. Lorsque les pêcheurs veulent prendre du
poisson, ils pratiquent un trou, et prennent
avec un trident, fait exprès, les truites qui
viennent s'approcher de l'ouverture.

La montagne sur laquelle est situé le lac
d'*Allos*, a environ mille toises d'élévation au-
dessus du niveau de la mer : quelques personnes
ont cru y voir le cratère d'un volcan ; et cette
opinion, qu'on avoit déduite d'un principe géné-

ral, auroit une sorte de consistance par l'aspect
noirâtre des collines qui environnent *Allos.*
Mais elle sera complettement rejetée, quand,
après un examen plus suivi, on se sera convaincu qu'on n'y trouve ni laves, ni basalte,
ni aucune substance volcanique : il n'y a,
d'ailleurs, aucune trace de volcan dans toute
cette partie des *Alpes* ; et ce n'est guère que
sur les bords de la mer, à *Fréjus*, à *Evenos* près
Toulon, qu'on en trouve d'assez marquantes
pour ne pouvoir être révoquées en doute. Les
rochers qui environnent le lac d'*Allos* sont
assez généralement calcaires ; on y voit néanmoins du grès : cette substance est surtout
très-caractérisée du côté de l'est ; et elle sembleroit être le point de contact entre l'organisation calcaire, qui est celle de la partie des
Alpes que nous parcourons, et une chaîne gra-
nitique, qui s'enfonce dans le *Piémont.*

Le lac d'*Allos* donne naissance à quelques
petites rivières qui vont grossir le *Verdon* au-
dessous du bourg. Mais c'est bien à tort, qu'on
a dit que cette rivière y prenoit sa source ; cette
source est au pied de la montagne de *Sestrières,*
entre un village ruiné, qui portoit ce nom ;
et un rocher, qu'on nomme des *Trois-Evêchés,*
parce qu'il confine ceux de *Senez*, *Digne,*
et l'archevêché d'*Embrun,* duquel dépendoit
la

la vallée de *Barcelonette*, à l'exception d'*Allos*.
Le *Verdon* prend son cours par le hameau
de *Lafoux* de la *Beaumelle*, et se dirige ensuite
vers *Colmars*.

Il est également faux que le *Var* ait son
origine au lac d'*Allos* ; cette rivière naît au pied
du rocher de *Clostres* , qui fait partie du col
Saint-Dalmas , dans le ci-devant comté de
Nice : il est à remarquer que les eaux qui
s'échappent du lac prennent toutes leur direction vers l'ouest , et font partie par conséquent
du bassin du Rhône.

LETTRE XVII.

Après avoir parcouru le lac et recueilli toutes les notions qui pouvoient nous intéresser, nous pensâmes à nous diriger vers *Allos*, où nous devions trouver un gîte pour la nuit, que nous voyions arriver. Après avoir gravi pendant quelque temps des rochers escarpés, et être descendus dans une espèce de bassin de pelouse, on trouve la cabane d'*Allos*, où se réunissent les bergers qui amènent leurs troupeaux dans cette partie des montagnes ; et c'est là ordinairement que laissent leurs chevaux les voyageurs qui viennent visiter le lac : car ce n'est qu'avec la plus grande peine, que ces animaux pourroient arriver plus loin. Des chemins ardus et escarpés; des précipices souvent dangereux ; par intervalles, quelques prairies naturelles arrosées par des ruisseaux limpides qui s'échappent du lac, et ombragées par quelques arbres résineux : voilà ce qu'on rencontre pendant le trajet d'environ deux heures qu'il faut faire pour aller du lac à *Allos*.

Ce petit bourg est dans une position assez

agréable ; les montagnes auxquelles il est
adossé, sont couvertes de mélèzes, de sapins,
ou autres arbres résineux. La partie basse offre
des prairies très-étendues et d'une verdure écla-
tante. En général, le territoire est assez fertile ;
et on attribue cet avantage, si rare dans cette
contrée, à la qualité du sol, qui se compose
d'une terre noirâtre, successivement bonifiée
par le résidu des végétaux : aussi, le blé est-il
très-abondant, ainsi que les légumes, dont on
vante la qualité supérieure. Les collines environnantes sont couvertes de pâturages ; et les
habitans d'*Allos* y entretiennent de nombreux
troupeaux : au lieu de les envoyer passer l'hiver
dans la Basse-Provence, ils les gardent dans
les étables ; et savent ainsi concentrer dans
leur pays une branche d'industrie et même de
richesse, que la nature semble lui avoir destinée. Il n'y a presque pas d'émigration d'hommes pendant la saison rigoureuse : tous les
bras sont employés à la manipulation des laines
et à la fabrication des draps grossiers. Ces
particularités distinguent de tous les voisins,
les habitans d'*Allos* ; mais, soit que ce lieu
offre plus de ressources, soit que ces ressources
viennent elles-mêmes de cette différence de
vivre, on ne sauroit disconvenir qu'il n'y règne
plus d'aisance et la facilité de se procurer toutes

les commodités de la vie : les mœurs y sont
plus pures, sans doute, parce qu'on y a peu de
rapports avec les villes; les maisons sont mieux
bâties et plus commodément distribuées; *Allos*,
enfin, jouit d'un climat très-sain ; et les maladies épidémiques n'y pénètrent jamais.

Son antiquité ne sauroit être révoquée en
doute, puisque le trophée d'*Auguste* en fait
mention. *Papon* accorde à *Allos* l'avantage
d'avoir été le chef-lieu du peuple connu sous
le nom de *Gallitœ* , que plusieurs auteurs
fixent à *Colmars*; *Bouche* veut que ce soient
les *Striulati* qui aient habité *Allos* ; et je
ne chercherai pas à accorder ces deux histo-
riens de *Provence*. Quelques restes d'épaisses
murailles sont les seuls et stériles monumens
qui attestent son ancienne importance; et encore ne remontent-ils pas jusqu'aux *Romains*.

On assure que l'église, qui est à une certaine distance des habitations, a été bâtie par
les ordres de *Charlemagne* : on y remar-
quoit un patronage laïque , dont les clauses
étoient assez singulières : le fondateur vouloit
« *que le jour de Saint-Michel, il fût fait un*
» *service solennel; que tous les prêtres qui y*
» *assisteroient, eussent ensuite leur repas avec*
» *treize pauvres ; et qu'après le dîner , ils*
» *s'écriassent tout d'une voix et en sautant :*

» *Dieu veuille recevoir l'ame du pauvre Joum-*
» *bart* » ! (1)

Allos avoit jadis un bureau de fermes, un
grenier à sel, et il dépendoit, pour le spirituel,
du diocèse de *Senez.* Aujourd'hui, il est le
chef-lieu d'une très-petite justice de paix,
qui ne compte que deux communes pour
toute jurisdiction : celle d'*Allos* a environ
1,400 habitans, y compris les hameaux
de *Boucher*, de *la Beaumelle* et de la *Foux*:
elle fait partie de la sous-préfecture de
Barcelonette, par la même raison qu'elle
étoit comprise autrefois dans la vallée de ce
nom : mais les communications sont infiniment difficiles ; et dans la saison rigoureuse,
les neiges amoncelées sur la montagne de
Pallon et le col de *Chancelage* qu'il faut gravir, interceptent tous les passages qui vont
déboucher vers le chef-lieu.

En quittant *Allos*, nous nous dirigeâmes
vers le col de *Sestrières*, où prend sa source
le *Verdon*, dont nous suivîmes presque toujours les rives ; il fallut ensuite gravir une

---

(1) In die sancti Michaëlis, facient unum *cantare ;* et
omnes præsbiteri qui in eo aderunt, habebunt suum prandium cum tredecim pauperibus : et post prandium, dicent
unâ voce saltando : *Diou aye l'amo daou paoure Joumbart !*

branche de la montagne de *Pallon* , et nous
descendîmes , par une pente assez rapide, au
lieu qu'on nomme le *Mourjan*, qui forme,
avec les *Agneliers* , la *Malune* , *Chancelage*
et *Moulanés*, les principales dépendances de
la commune d'*Uvernet*. Ces lieux avoient jadis
des paroisses , ou tout au moins des succursales
particulières ; mais , aujourd'hui qu'elles sont
obligées de se rendre au chef-lieu de la commune, elles éprouvent de grandes contrariétés,
d'autant plus que , dans cette partie, on remarque , beaucoup plus qu'ailleurs, ces déba-
cles de neige qu'on appelle l'*avanchos* , et
qui ressemblent en petit aux *avalanches* de la
partie supérieure des Alpes.

Auprès de la *Malune* , se trouve la mine de
plomb dont je vous ai déjà entretenu avec
quelque détail ; nous l'avions visitée avec soin,
et nous la revîmes avec un intérêt d'autant
plus vrai , que, connoissant mieux la vallée,
nous apprécions bien davantage la nécessité
où elle est de profiter de tout ce qui pourroit
lui offrir des dédommagemens pour ce qui lui
manque sous tant de rapports. Le village
d'*Uvernet* est assez bien situé, et la commune
dont il est le chef-lieu a environ 840 habitans.
Il y avoit autrefois un moulin à soie très-
actif ; car il occupoit annuellement cent per-

sonnes de tout sexe et de tout âge. C'étoit le
seul établissement de ce genre qu'il y eût
dans la vallée ; et il est à regretter que les
événemens de la révolution, aient anéanti
cette branche d'industrie si intéressante
en elle-même, et si importante dans ses
résultats. Les mûriers croissent très-bien
dans plusieurs parties de la vallée ; la
température n'a rien de contraire à l'éducation des vers à soie, et ne produit sur
eux d'autre résultat que de les faire éclore
un peu plus tard. Il faut donc espérer que
la régénération des soieries de *Lyon*, influera
sur tous les pays environnans, au point de
leur faire reprendre d'anciennes spécula-
lations que des contrées voisines finissent par
s'approprier exclusivement.

Il y avoit autrefois à *Uvernet* des usages
assez singuliers ; et, sans doute, ils auront été
rétablis avec le culte catholique. La confrérie
du Saint-Esprit distribuoit communément, le
jour de la Pentecôte, des œufs et du pain
blanc à chacun de ses membres, et du pain
bis aux pauvres. Des jeux d'adresse terminoient cette fète ; et un mouton vivant étoit
donné à celui qui approchoit le plus du but. A
la fète de Notre-Dame, on joue aux quilles,
et un plat d'étain est, comme dans la capitale
de la vallée, le prix donné au vainqueur.

Il y avoit jadis auprès d'*Uvernet* un couvent de Bénédictins, sécularisé sous le titre de
prieuré de *Moulanés*. Ainsi donc cet établissement, ceux de *Saint-Pons* et de *Faucon* sont
incontestablement les lieux d'où les moines
ont dirigé le défrichement de la vallée : ils en
occupent le centre ; et leur rapprochement
entr'eux, puisqu'ils forment un triangle peu
considérable, leur permettoit de combiner, de
diriger, d'étendre toutes leurs opérations agricoles. Il seroit curieux de rechercher, au
juste, l'époque de leur arrivée, que tout s'accorde à faire remonter au 6.ᵉ siècle : les
moyens qu'ils ont employés pour civiliser les
naturels du pays, et leur faire pratiquer les
procédés indiqués par l'étude ou l'expérience,
offriroient aussi des recherches utiles à l'observateur. On liroit aussi avec intérêt une disserta-
tion sur l'influence qu'ont pu exercer ces moines
pendant les guerres qui ont désolé ces contrées,
et les ont si souvent fait changer de maîtres?
Le résultat final sembleroit prouver qu'on a
redouté leur crédit, puisque les trois monas-
tères que nous venons de remarquer, ont tous
été détruits, plusieurs siècles avant la révolution. Rendons du moins un hommage de reconnoissance à ces ordres, qui ont été si utiles à
l'instruction publique, aux sciences, aux let-

tres, aux arts ; et en parcourant la vallée de *Barcelonette*, en voyant des terres cultivées, d'abondantes récoltes, des communes habitées par une population intéressante , dans des lieux si âpres, si arides, si difficiles à mettre en valeur, souvenons-nous que c'est aux Bénédictins que sont dûs tous ces avantages.

LETTRE XVIII.

Après avoir parcouru toutes les parties
de la vallée , je puis vous entretenir
de ce qui a rapport aux mœurs , aux
usages , au langage de ses habitans : ils sont,
en général , d'une taille médiocre , mais forts
et vigoureux ; leur teint est brun et fortement
coloré ; et cela tient , sans doute, à la vivacité
de l'air qu'on y respire. Ce qui doit le faire
présumer , surtout, c'est que l'étranger qui
séjourne dans ce pays , prend aussi la même
teinte. J'ai dit, ailleurs , qu'il y éprouve un
grand appétit, et qu'il trouve le pain, la viande,
les légumes, le lait, d'un goût exquis ; mais,
pour peu qu'il ait la poitrine délicate , il ne
tardera pas à ressentir les effets qui résultent
d'une trop grande quantité d'*oxigène* dont est
chargé l'air atmosphérique. Néanmoins , les
personnes qui sont nées dans cette contrée , ou
qui y sont habituées dès l'enfance, sont peu su-
jettes à des maladies de poitrine : cela pourroit
tenir à l'usage où l'on est de passer les soirées
et même une partie des journées d'hiver , dans

des étables à vaches, dont les exhalaisons sont
généralement salutaires ; mais aussi, de ce passage nécessaire d'une température bien douce à
un froid excessif, résulte-t-il de graves maladies, telles que des pleurésies, des fluxions de
poitrine, des catharres, etc., etc.

Les habitans de la vallée de *Barcelonette* sont,
en général, très-fins et très-adroits : un pro-
verbe de la *Basse-Provence* dit, que les Gavots
(les montagnards) n'ont de grossier que l'ha-
bit ; et c'est surtout à ceux-ci que peut s'ap-
pliquer ce *dictum*. Ils ont de l'esprit naturel ;
et il en est peu, même dans les lieux les plus
reculés, qui ne sachent lire, écrire et compter:
tous entendent le français, et le parlent mieux
qu'on ne le fait dans les villages ; et ce n'est
guères que dans cette langue que se font les
prônes, les sermons et les instructions religieuses. Il n'est pas rare de trouver de simples
cultivateurs qui savent parfaitement le latin : ce
degré d'instruction, peu commun dans le reste
de la France et même de la Basse-Provence,
semble particulier à la vallée de *Barcelonette* ;
et il est à présumer que ce goût ayant été
apporté par les troupes qui y ont séjourné pendant les diverses guerres, y a été activé par la
nécessité de s'occuper dans le cours des huit
mois d'hiver, où les maisons sont, pour ainsi

dire, ensevelies sous les neiges, et par la sorte
d'émulation que rapportent dans leurs foyers
ceux qui les quittent annuellement. Il y avoit
en outre autrefois, à *Barcelonette*, un excellent
collége de Doctrinaires qui propageoient, dans
toutes les classes de la société, le goût de l'instruction et des bonnes études.

Avant la révolution, il y avoit un nombre
presque incroyable de prêtres ou de moines :
chaque famille un peu aisée attachoit un grand
prix à consacrer un enfant au ministère des
autels; elle s'épuisoit pour subvenir aux frais
de son éducation; et par une conséquence assez
naturelle de cette manière de voir , c'étoit
presque toujours l'aîné qui étoit choisi. On
pouvoit évaluer le nombre de ces ecclésiasti-
ques à 500 environ , c'est-à-dire, au 36.ᵉ de
la population générale ; et ceux qui ne réussis-
soient pas à obtenir les cures, annexes, succursales ou chapellenies situées dans la vallée, ou
à se placer dans ses couvens, s'établissoient
dans les autres contrées du vaste diocèse d'*Embrun*, ou dans ceux de *Digne* et de *Senez*, qui
leur sont contigus. Cette circonstance remarquable, et la sorte d'instruction que nous avons
observée, ont dû nécessairement engendrer un
esprit de controverse, lorsque la porte a été
ouverte aux discussions religieuses; aussi, ont-

elles été beaucoup plus sérieuses dans une
contrée où il n'étoit pas rare de trouver de simples cultivateurs qui citoient les canons, les
conciles, les Pères de l'église, pour soutenir
l'opinion qu'ils avoient embrassée.

On remarque, que ce penchant à acquérir des
connoissances a été dirigé vers l'étude de la
jurisprudence, soit que les habitans de *Barcelonette* soient naturellement enclins à la chi-
cane, comme on l'a dit souvent ; soit qu'habitant un pays pauvre, ils aient senti, plus que
d'autres, la nécessité de défendre leurs intérêts :
le fait est, qu'il n'est presque pas un chef de
famille aisée, même parmi les villageois, qui
ne rédige, au besoin, une requête ou un exploit.

Les hommes portent des habits de drap grossier, longs et très-larges ; les manches sont
terminées par d'immenses paremens garnis de
boutons ; leurs vestes, qui ne se boutonnent pas,
descendent jusques aux genoux, et ils ont
dessous un gilet d'étoffe blanche ; leurs culottes
sont recouvertes sur les genoux par de longs
bas de laine, arrêtés par des jarretières rouges
ou vertes, assez artistement tissues par les pâtres
des montagnes ; leur chaussure consiste en de gros
souliers, dont la semelle, épaisse d'un pouce
et demi, est encore renforcée par un fer à
cheval sous le talon, et par des clous énormes sous

la partie restante ; dans l'hiver, ils y ajoutent
quelques crampons pour la glace ; leur coiffure
est un large chapeau retroussé en pointe, et
couvrant un bonnet de laine ; leurs cheveux,
coupés à une hauteur moyenne, flottent épars
sur leurs épaules.

Les femmes sont vêtues de la même étoffe ;
mais les couleurs rouge, verte et violette sont
celles qui sont choisies de préférence : les
jupons sont terminés, dans le haut, par une
immense quantité de plis qui forment un bour-
relet autour des hanches : la partie supérieure
est contenue dans ces sortes de corsets connus
sous le nom de *corps*, composés dés draps les
plus forts, renforcés par des baguettes de fer,
piqués dans tous les sens, fermés par derrière
par de forts lacets ; et, semblables à une épaisse
cuirasse, ils forment un des ajustemens les plus
désagréables qu'on puisse imaginer. La forme
des coiffes n'a rien d'extraordinaire ; elles
sont de toile blanche, garnies de dentelles plus
ou moins fines : les femmes d'un âge mûr les
recouvrent d'une *coquette* en gaze noire, qu'elles
nouent sous le menton.

Au reste, depuis la révolution, cette manière
particulière de s'habiller tend à se rapprocher
beaucoup de celle qui est en usage dans les

contrées environnantes , et particulièrement dans la *Provence.*

Les maisons sont basses, et n'ont guère qu'un étage ; les toits , terminés par une pointe aigüe, sont ordinairement couverts d'ardoise , ou de petites plaques de bois résineux. Le rez-de-chaussée est voûté ; et c'est là, que les familles aisées passent les jours et les soirées d'hiver , autour d'un poêle commun. Les pauvres demeurent dans les étables à vaches ; et les riches eux-mêmes ne dédaignent pas cette température si douce : car, dans l'un des coins de leurs écuries, on pratique un petit salon en planches, où la société se rassemble, par partie de plaisir , quand les froids sont trop rigoureux.

Dans cette saison , on mange beaucoup de viande salée ; la nourriture ordinaire est une soupe très-épaisse, faite avec de la farine et du lard : on la connoît sous le nom de *brigadeoux:* on y joint aussi des vermicelles très-gros et de larges plaques formées de la même pâte. La première se nomme *macarons;* et les autres, des *lauzagnos.*

Les baptêmes , les mariages , les enterremens eux-mêmes, sont célébrés par des repas qui réunissent souvent jusques à cent cinquante personnes : rien n'est épargné pour satisfaire le vorace appétit des convives, qui témoignent , en bien

mangeant, la part qu'ils prennent à la fête.
Aux jours solennels de l'Eglise, et à la Noël plus
particulièrement, les familles se rassemblent,
et on se fête alternativement pendant la semaine
suivante. Entre amis, on s'envoie réciproquement des gâteaux pétris avec des œufs et du
beurre frais.

LETTRE XIX.

═══════════════════════════════

LETTRE XIX.

———

Ce qui caractérise plus particulièrement les usages suivis dans la vallée, c'est l'émigration annuelle d'une partie de ses habitans. On évalue à environ 1,800 le nombre des individus qui la pratiquent ; et il est ici calculé au terme moyen ; car , dans les mauvaises années , il s'élève jusques à 2,400 , parce que c'est la classe pauvre qui quitte toujours son pays. Le départ a lieu dans les quinze premiers jours d'octobre ; et le retour, du 1.er au 10 de juin : c'est-à-dire, que cette absence dure près de sept mois.

La plus grande partie va dans la *Basse-Provence* , et se cantonne sur toute la côte, depuis *Nice* jusques à *Arles*. Les hommes se placent, comme valets ou journaliers, pour les divers travaux de l'agriculture ; les femmes, et les enfans assez grands pour être employés utilement, cueillent des olives , filent du chanvre ou de la laine.

Quelques-uns montrent la lanterne magique

10.

dans toutes les parties de la *France* : ils sont
ordinairement accompagnés d'un enfant, de
douze à quatorze ans, qui porte une marmotte
dans sa caisse, dont elle ne sort que pour danser
au son d'une vielle. Les parens de ces jeunes gens
reçoivent une rétribution annuelle de 48 fr.
des personnes auxquelles ils les confient ; le
gain appartient à celles-ci, qui se chargent de
nourrir leurs petits compagnons : mais elles ne
s'en acquittent pas toujours avec loyauté ; car
elles leur font faire maigre chère, et les trai-
tent fort durement.

Les uns se forment une petite pacotille d'almanachs, d'aiguilles, de lacets, de jarretières,
et d'autres menus objets qu'ils vont colporter au
loin : d'autres ramonent les cheminées ; et on
les voit, comme les hirondelles, se présenter,
aux mêmes époques, dans les mêmes villes, dans
les mêmes maisons : quelques-uns s'établissent
en qualité de commissionnaires ou de décroteurs
dans nos grandes cités : on en rencontre quelquefois, mais c'est le très-petit nombre, qui
demandent l'aumône ; on peut hardiment affir-
mer, qu'ils ne s'y déterminent guère que pressés
par le besoin du moment, ou mis dans l'im-
possibilité de travailler par suite de quelques
infirmités accidentelles.

Dans le cours de ces longs voyages, ils se

montrent partout intelligens , patiens, laborieux , vivant avec frugalité , économes , et
surtout d'une fidélité à toute épreuve : on cal-
cule, qu'à son retour dans son pays , chaque
individu , en prenant le terme moyen , y rap-
porte 24 francs de bénéfice. Il acquitte ses
contributions, fait sa petite récolte , ensemence
ses terres , et repart au milieu de l'automne.
Vous vous souviendrez que je vous ai déjà
fait remarquer (lettre VIII) , qu'on évaluoit à
environ un cinquième le nombre des individus
qui ne revenoient plus dans leur patrie après
l'avoir quittée annuellement pendant une période
qu'on pourroit fixer à dix ans.

Le langage des habitans de la vallée de
Barcelonette est au fond le même que celui de
la *Provence ;* on y remarque néanmoins un
plus grand nombre de mots évidemment dérivés
de la langue celte : tels sont , dit le dictionnaire
géographique de Provence : *aclapar* , couvrir,
enterrer ; *accuechar* , accumuler ; *rougno,*
galle ; *esquiniar* , faire la moue , etc. etc.

Il offre quelques expressions particulières :
par exemple , pour exprimer le verbe imper-
sonnel *il faut,* ils disent *chaou* : ils prononcent
le *ch* devant un *a* comme devant l'*e* ou l'*i ;* et
ils le placent dans des mots qui, dans l'idiome
provençal, s'écrivent bien différemment. Ainsi,

ils disent *lou chamin*, le chemin, pour *lou camin* ; la *chavalle*, pour la *cavale*.

L'article *le* s'exprime en provençal par *lou*, et au pluriel par *leïs* ; à *Barcelonette*, on dit *lou* et *lous*.

Quelques désinences de mots sont changées, d'une manière très-marquée, dans la prononciation. Fromage se dit, en provençal, *fromagé* ; et à Barcelonette, *froumagi*.

Quelques mots se prononcent d'une manière plus douce, et qui sembleroit se rapprocher beaucoup du patois languedocien : *lou mel*, le miel, pour *lou meou* ; *l'agnel* pour *l'agneau* ; *lou chival* pour *lou cavaou* ; *lou mul* pour *lou muou*, le mulet.

Il résulte de ces observations, que je pourrois toutefois pousser plus loin, 1.° que des mots *celtes* se sont conservés à *Barcelonette*, d'une manière plus particulière ; et cela devoit être, puisque sa position topographique en avoit fait long-temps une contrée séparée de tous ses voisins ; 2.° que cet idiôme, en général, plus dur à la prononciation que le provençal lui-même, a cependant radouci quelquelques expressions : ce qui peut être attribué aux fréquentes communications que le séjour des troupes et les émigrations annuelles nécessìtent entre les habitans · de *Barcelonette* et ceux des départemens où ils vont passer l'hiver.

Malgré ce goût pour l'étude, cette disposition à l'instruction et même cette sagacité d'esprit que nous avons eu lieu de remarquer chez les habitans de *Barcelonette*, on ne trouve point parmi eux des hommes qui se soient fait des noms recommandables dans les sciences, les lettres ou les arts.

On cite, 1.° un capucin connu sous le nom de *Père Porphire*, et qui mourut à Aix, en 1629, laissant une réputation de sainteté et de mérite, qui, en son vivant, lui avoit acquis l'estime de tous ses contemporains, et notamment du duc de Savoie. 2.° *César Eyssautier*, oratorien, qui se rendit célèbre à Toulon par sa piété, le soin qu'il prit de ramener à la vertu les filles adonnées au vice, et la fin tragique qui l'enleva à l'église en 1646. 3.° Dominique *Raynaud*, religieux dominicain, qui prêcha avec quelque distinction dans plusieurs grandes villes, même à Paris, et mourut à Rome, en 1704, laissant un grand nombre d'ouvrages relatifs à des sujets de dévotion ou de controverse. 4.° *Pini*, Alexandre, savant dominicain, qui, après avoir long-temps gouverné plusieurs maisons de son ordre, mourut sous-prieur de celle de Saint-Jacques

à Paris (1709). Les nombreux volumes qu'il
a écrits, et qui tous annoncent des talens et
de la science, ne portent que sur des matières
religieuses.

On m'a assuré sur les lieux, que l'ingénieur
Grognard, célèbre par la construction du bassin
auquel la reconnoissance publique a donné le
nom de son auteur, étoit né dans la vallée de
Barcelonette, et qu'il avoit fait ses études au
collége de cette ville. Le dictionnaire histori-
que des hommes illustres de Provence le présente comme étant né à Solliés, près Toulon.
Je n'ai aucun document qui puisse me déterminer à soutenir la première assertion, ou à
combattre l'autre; et je conçois qu'on puisse se
disputer la naissance d'un homme aussi savant
et aussi marquant par une grande conception :
le fait est trop peu ancien pour qu'il fût difficile
de connoître la vérité. Celui-ci, du moins, feroit
exception ; car tous les hommes qui peuvent
être considérés comme capables de faire honneur à la vallée, ont consacré leurs talens à des
sujets sacrés, et appartenoient tous à des ordres
monastiques. Vous reconnoîtrez, ici, la preuve
de ce que je vous ai fait remarquer sur le penchant que les habitans de *Barcelonette* montroient pour l'état monastique ou ecclésiastique,
et l'aptitude qu'ils ont toujours eue pour les

matières théologiques. Ne pourroit-on pas en
trouver la cause dans l'influence qu'ont dû y
exercer les moines qui ont défriché le pays? Ils
en ont été, par cela même, en quelque sorte,
les premiers souverains, et ont dû s'attacher à y
assurer leur puissance au moyen des nombreux
soutiens que l'enseignement public les mettoit
en situation de former dans chaque famille aisée.
Qu'on ne dise pas que le climat empêche le
développement de l'imagination et des talens :
les habitans de *Barcelonette* sont propres à recevoir tous les germes des connoissances humaines;
et la manière dont on les a vus embrasser les
seules études auxquelles d'anciens usages et les
localités leur permettoient de se livrer, prouve
qu'ils sauront profiter des bienfaits que leur
assurent des institutions destinées à répandre
l'enseignement public dans toutes les parties
de la France.

LETTRE XX.

Nous étions au dix novembre ; déjà la neige avoit commencé à couvrir la vallée ; et si elle s'étoit fondue assez promptement pour nous laisser le temps de faire toutes nos excursions, nous ne devions pas moins nous occuper de notre prompt départ, parce qu'en différant, nous nous exposions à trouver toutes les issues fermées, ou à ne pouvoir, du moins, les franchir qu'avec les plus grandes difficultés. Ces considérations étoient d'autant plus puissantes, que, pour compléter notre voyage, nous avions formé le projet de sortir par le *col de Vars.*

Nous partîmes donc en suivant par *Faucon*, *Jausier*, le *Châtelard*, la route que nous avions déjà parcourue en allant à *Meyronnes* ; mais, arrivés en face de ce village, nous suivîmes la rive droite de l'*Ubaye*, au lieu de la traverser comme nous avions déjà fait. Bientôt nous arrivâmes à *Tournoux*, position militaire très-remarquable, et toujours occupée pendant les diverses guerres dont ces contrées ont été le théâtre. C'est, en effet, un camp retranché, au moyen duquel cinq mille hommes peuvent en arrêter vingt-cinq mille. Il commande deux vallées, et les fortifications naturelles sont complétées par deux redoutes qui furent construites l'une en 1730, l'autre en 1744; si ces postes venoient à être forcés, la retraite est même assurée par un chemin qui, à travers des bois et des gorges peu apparentes, conduit au sommet de la montagne; et de là, les troupes arriveroient facilement à *Mont-Dauphin* ou à *Embrun*. Le camp de *Tournoux* fut occupé par nos troupes en 1792 et 1793; et elles continrent l'armée *Piémontaise* qui tenta plusieurs fois, mais inutilement, de pénétrer en *France* par ces défilés. Tout porte à penser qu'il y avoit autrefois à *Tournoux* un lac considérable, qui fut desséché par les mêmes moyens qu'on employa au *Lauzet*, mais sans qu'il en résultât d'aussi fâcheux accidens pour celui qui en dirigea l'entreprise.

Le village de *Saint-Paul*, qu'on aperçoit devant soi, contient 1,800 ames. Il paroît bien bâti, et sa situation est assez avantageuse; mais on ne découvre dans ses environs qu'un petit nombre d'arbres et des prairies très-peu considérables. Là, cependant, la vallée, qui étoit très-resserrée, commence à

devenir plus large et plus boisée ; elle conduit
à *Fouillouse*, et plus loin à *Mauren*, hameaux
de *Saint-Paul*, qui n'offrent rien de très-
remarquable, depuis que leurs prétendues
mines d'or ont été appréciées à leur juste
valeur.

Nous nous dirigeâmes vers la gauche pour
gravir, au moyen d'un chemin étroit et assez
rude, la colline de *Vars*; et bientôt le village
de *Mélezen* nous offrit les moyens de prendre
quelques momens de repos et un repas frugal.
Nous nous acheminâmes ensuite vers le sommet , par un sentier tracé sur la pelouse ;
car on peut comparer ces lieux à de vastes
prairies , au milieu desquelles s'élèvent des
arbustes et des masses de rochers groupés d'une
manière assez pittoresque. Mais nous étions loin
de trouver des charmes à notre situation ; et
nous négligions les plantes curieuses qui croissent spontanément dans ces terres presque
neuves ; un brouillard assez épais nous envelop-
poit et nous privoit du spectacle que nous
nous étions promis : d'un autre côté, cette
vapeur froide pénétroit tous nos membres ; et,
changée en verglas au moment où elle tom-
boit sur la terre, elle rendoit notre marche
très-pénible. Enfin , après deux heures et
demie d'efforts , après nous être demandé

mille fois comment il étoit possible que l'ar-
tillerie eût traversé ces lieux en 1744, nous
atteignîmes le point le plus élevé. La descente,
quoique moins rude, n'étoit pas moins
pénible ; d'autant que la nuit s'avançoit, et
que la petite ville de *Guillestre* où nous avions
le projet d'aller coucher, étoit encore bien
éloignée : nous apprîmes cependant, par des
bergers, qu'il y avoit à *Vars*, petit village situé
à-peu-près au point mitoyen du revers septentrio-
nal de la montagne, une auberge où nous pour-
rions passer la nuit; et nous nous y détermi-
nâmes avec empressement. La maison qui devoit nous recevoir n'avoit pas une trop belle
apparence ; la porte qu'on ouvrit pour nous,
conduisoit dans une vaste cave ; et c'est là
que nous descendîmes avec notre cheval qu'on
plaça dans un coin avec des vaches, un âne,
et d'autres bestiaux : on nous fit passer dans
une pièce contiguë, dans laquelle le jour et
l'air ne pénétroient qu'à travers une petite
lucarne. Les murs et la voûte resserrée avoient
une teinte noirâtre qui en faisoit une espèce
de cachot; un poêle brûlant y entretenoit une
température presque suffoquante ; une table
grossière et des tabourets formoient le mobi-
lier de cet appartement souterrain ; et en notre
honneur, on alluma une chandelle de résine de

plus. Nous passâmes notre soirée à lire ou à rédiger les observations faites dans la journée, et nous étions un objet d'étonnement pour les nombreux enfans de nos hôtes ; ils se pressoient autour de nous, regardoient avidement ce que nous faisions, et hasardoient parfois quelques questions insiguifiantes.

Notre souper consista en une omelette à l'huile de noix, avec quelques tranches de jambon, du pain de seigle noir et très-dur, et de très-mauvais vin ; on nous conduisit ensuite dans une chambre, au fond de laquelle étoit une vaste alcove qui contenoit un lit propre à recevoir cinq à six personnes. Sur le sol, sur les tables, se trouvoient d'immenses provisions en pain, en légumes, en fruits; et au plafond étoient suspendus des jambons, des quartiers de viande salée et des vessies remplies de graisse : tellement que l'un de nous s'étant levé, dans la nuit, pour savoir si le temps étoit beau, heurta de la tête toutes ces munitions aériennes; ses pieds s'embarrassoient dans celles qui étoient posées sur le plancher : de sorte qu'il eut toutes les peines du monde à retrouver notre grabat. Dès que le jour parut, nous fumes bien empressés de quitter un gîte où nous avions passé la triste soirée dont j'ai cru devoir vous tracer les détails, pour vous faire connoître la

manière de vivre des habitans de cette contrée :
mais, pendant la nuit, il étoit tombé au moins
trois pieds de neige..... Nous prîmes un guide ;
et, après avoir mis quatre heures à parcourir la
lieue qu'on nous assura exister entre *Vars* et
Guillestre, nous arrivâmes dans cette dernière
station, transis de froid, percés par la pluie,
qui, à mesure que nous descendions, remplaçoit
les flocons de neige ; mais bien satisfaits d'avoir
pu terminer, avant l'hiver, le voyage auquel
nous avions attaché tant d'intérêt.

Nous avions cependant compté y joindre
une course dans la vallée de *Queyras*, à l'entrée
de laquelle nous étions, et dont on nous avoit
raconté des particularités assez remarquables ;
mais, le temps ne nous le permettant pas, nous
nous bornâmes à recueillir certaines notions
générales que des personnes arrêtées comme
nous dans l'auberge de *Guillestre*, nous donnèrent avec un empressement qui tenoit moins
à leur complaisance, qu'au besoin de parler.

La vallée de *Queyras* (Hautes-Alpes) se
compose des communes de *Saint-Veran*, *Ville-
vieille*, *Aiguilles*, *Arvieux*, *Ristolas*. A l'entrée, se trouve le camp qui fut jadis occupé
par *Catinat* ; et, au centre, le château de
Queyras. Ces communes réunies forment une
population d'environ 3,000 individus..... Elles

s'administrent paternellement ; et les maires
jouissent d'une autorité presque sans bornes :
quand on leur porte le rôle des contributions,
ils regardent le total , en font la distribution
entre les chefs de famille ; et la quote-part de
chacun est versée , exactement et sans récla-
mation, dans les mains des percepteurs : lorsque
quelques particuliers ont entr'eux des discussions d'intérêt, ils se rendent chez le maire,
donnent leurs raisons ; et celui-ci prononce sa
sentence , qui est toujours exécutée : il con-
damne quelquefois à des dommages-intérêts,
et à des amendes qui s'élèvent jusques à 500
francs, lorsqu'il y a dol ou mauvaise foi. Il est
rare que les affaires soient portées devant les
tribunaux. Les hommes émigrent tous pendant
l'hiver, et vont passer huit mois en *Provence*,
dans le *Languedoc*, le *Roussillon*, et même
jusques en *Espagne*. Ils sont, en général, probes
et fidèles à leurs engagemens ; et rarement
s'allient-ils, par des mariages, avec des habitans
des villages étrangers au *Queyras*. Ils sont
très-instruits ; plusieurs savent le latin, et
entendent bien les affaires. Chaque commune a
un ou plusieurs instituteurs salariés par elle ;
mais qui sont nourris , alternativement et
pendant huit jours , par les familles : ces
pédagogues se réunissent aux foires ; et c'est-là,

qu'on traite avec eux. Leur profession est indiquée par les plumes à écrire qu'ils portent au chapeau ; et leur nombre est en raison de leur science : une plume annonce qu'on montre à lire et à écrire seulement ; deux indiquent qu'on sait aussi le latin ; trois sont la preuve de quelque peu d'arithmétique. Les enfans sont sous leur surveillance immédiate ; mais, passé l'heure des leçons, les instituteurs deviennent des espèces de domestiques qu'on emploie aux travaux les plus grossiers.

Les hommes portent des habits carrés et larges , de grands chapeaux rabattus , les cheveux longs et flottans ; et les bas recouvrent les genoux. Les femmes ont , pour la plupart, d'énormes goîtres , et sont d'ailleurs grandes et fortement constituées ; il n'est pas rare de les voir attelées avec des bœufs pour le labourage : mariées très-jeunes , elles sont fécondes , et les familles se composent d'un grand nombre d'individus couchant tous pêle et mêle , presque sans distinction de sexe et d'âge , dans les étables à vache : on a , pour cet usage , des draps de laine qu'on ne lave jamais ; on se contente de les exposer au grand air pendant le jour. Les vètemens des femmes sont presque d'une seule venue ; le corset et le jupon se tiennent , et on ne les quitte que quand le

temps ou un trop long usage en imposent la loi.
Les habitans de *Queyras* mangent du pain bis
très-dur; car ils pétrissent rarement plus de deux
fois dans l'année, et on est souvent obligé de le
couper avec des hâches ou d'énormes couteaux
faits pour cet usage : parmi les causes qui ont
fait adopter cette manière de subsister , on
place en première ligne le défaut absolu de
combustibles ; toutes les forêts ont été, depuis
long - temps , détruites ; le peu d'arbres qui
restent, ou qui croissent , ne peut suffire à
la consommation ; et , pendant l'hiver , la
plus grande partie des poêles sont chauffés avec
de la fiente de vache , séchée pour cet usage.
La principale ressource de cette singulière peu-
plade, se compose du commerce et de l'éducation des bestiaux , dont le lait est converti en
une espèce de fromage connu sous le nom de
Queyras , et très-recherché dans toutes les
contrées environnantes. Comme, pendant cinq
mois de l'année, la terre est couverte de quatre
et souvent six pieds de neige , il est impossible
d'enterrer les morts dans tout ce long intervalle:
on prend donc le parti de les suspendre dans les
greniers. Le froid excessif met les cadavres en
état de congélation , et les conserve jusques à
l'époque où l'on peut leur rendre les honneurs
de la sépulture.

Par

Par cette esquisse rapide de quelques traits propres à caractériser les habitans du *Queyras*, vous concevrez qu'une course dans cette vallée étoit bien attrayante pour des gens qui, comme nous, cherchoient à connoître les parties de la *France* les moins décrites et les plus capables d'inspirer de la curiosité , sous un rapport quelconque...... Mais la saison nous pressoit ; et nous prîmes la route d'*Embrun*, emportant, des lieux que nous venions de parcourir, des souvenirs qui ne s'effaceront jamais , et dont il me seroit doux de vous avoir fait partager le charme par la lecture de la description que vous avez bien voulu m'en demander.

FIN.

Table.

TABLE

des Matières.

(163)

Fin de la Table des Matières.

www.ingramcontent.com/pod-product-compliance
Lightning Source LLC
Chambersburg PA
CBHW072039080426
42733CB00010B/1936